Economici di Qualità
24

Grazia Honegger Fresco, nata a Roma, vive dal 1960 a Castellanza (VA) dove ha fondato e diretto fino al 1986 una scuola Montessori per bambini dai 2 ai 10 anni. Presidente dell'Associazione Centro Nascita Montessori, lavora attivamente per la formazione permanente degli adulti (educatori, genitori). È istruttrice dei CEMEA (Centri di Esercitazione ai Metodi dell'Educazione attiva). Ha collaborato a varie riviste educative, è autrice di diversi libri, tra cui *Essere nonni* e *Un bambino con noi* (nuova versione del *Neonato con amore*) e ha diretto *Abbiamo un bambino*, tutti pubblicati da red edizioni. È responsabile redazionale de 'Il Quaderno Montessori', rivista per genitori ed educatori che si pubblica a Castellanza (VA).

Redazione di Marina Bianco Ballabio e Angela Giaccardi.

Prima edizione nella collana 'L'Altra medicina': 1987
Prima edizione in questa collana: 2003

Videoimpaginazione: Sedigraf, Blevio (CO).
Stampa: New Press, Como.

Anno 09 08 07 06 05 04
Edizione X IX VIII VII VI V IV III II

Grazia Honegger Fresco

Essere genitori

edizioni red!

I vostri figli non vi appartengono

«I vostri figli non vi appartengono. Sono i figli dell'appello che la vita fa a se stessa. Li mettete al mondo, ma non li create. Abitano con voi, ma non sono vostri.
«Potete donare loro il vostro amore, ma non i vostri pensieri, poiché essi hanno la propria immaginazione.
«Potete provvedere ai loro corpi, non alle loro anime, poiché esse abitano nella casa del domani dove non potete entrare neppure in sogno.
«Potete sforzarvi di essere come loro, ma non tentate di renderli simili a voi, poiché la vita non torna indietro e non si ferma a ieri.
«Voi siete gli archi con i quali i figli sono lanciati come frecce viventi...»

Khalil Gibran *Il profeta*

Se noi genitori comprendessimo a fondo il vero significato di queste parole e riuscissimo a renderle operanti nei rapporti con i nostri figli, avremmo realizzato non solo il loro, ma anche il nostro benessere.

Nella pratica di ogni giorno si tratta però di un'operazione difficile, anche perché siamo giunti a un tale modo di vivere al di sopra e a dispetto della natura, fuori dai suoi ritmi, che perdiamo di vista l'ascolto più vero dei bisogni dei nostri figli.

Spesso li generiamo per noi, per dare un senso alla nostra vita, per il nostro piacere o per le nostre paure, per opporci alla morte e all'annientamento, in un sogno di onnipotente continuità. Ecco perché, usciti da noi, tentiamo di possederli, esserne architetti e giudici, direttori inappellabili delle loro scelte e dei loro pensieri.

Forse non c'è genitore che alla nascita di un figlio non abbia pensato a un progetto di 'figlio ideale', a un sogno di perfezione cui spesso, senza rendersene conto, ha cercato in seguito di adeguare il figlio reale. Il modello può essere ottimo, ma ha un difetto: è estraneo al bambino e cala su di lui come l'abito di un altro.

Il distacco da questi modelli interni è assai difficile: l'uomo vive di confronti, e le immagini assimilate da ciascuno fin dall'infanzia (il processo di identificazione con gli adulti incontrati negli anni della formazione) sono punto di riferimento costante, e spesso in modo del tutto inconscio, di ogni nostra esperienza.
Questo processo rischia di divenire frustrante per l'altro quando deve subirne l'imposizione: «Mio padre voleva sempre che… e quindi tu farai come ti dico io…» «Mia madre mi faceva sempre le prediche. Io invece lo lascio fare completamente perché mi ricordo…» «I tuoi compagni, tuo cugino sanno scrivere e tu no. Io ai miei tempi…» Modelli che di volta in volta agiscono in positivo o in negativo, in accettazione passiva o in ingenua opposizione, ma pur sempre modelli.

Uno stupendo tranello

Tutto comincia con un rapporto d'amore e di piacere, stupendo tranello della natura per garantire la continuità della specie. L'altro lo amiamo perché, come dice Lacan, è la «giusta immagine» del nostro desiderio.

Quando ci si ama, il bisogno di contatto, l'attrazione, il corteggiamento sono reciproci: queste modalità si ritrovano anche negli animali, ma per gli esseri umani diventano nodo centrale della vita adulta. Gli etologi ci spiegano che è tra le braccia materne (siano esse vere braccia, o ali, o muso, o pelliccia) che si impara l'amore: infatti i piccoli che ne sono deprivati saranno poi inetti nei rapporti sessuali e in quelli parentali.

Una catena senza fine

Sembra una catena senza fine: solo se si è stati amati in modo tenero e non castrante si è capaci poi da adulti di manifestare tenerezza, di coccolare il partner pur senza invadere la sua persona o volersi sostituire a lui. Michel Quoist ha scritto che «amarsi non è guardarsi l'un l'altro, ma guardare insieme nella stessa direzione». Anche questo è un 'no' a un discorso di possesso.

Nell'atto d'amore c'è in effetti questa illusione, che è anche illusione di unità perfetta, di abbandono nell'altro. È «il riposo indiviso» o «l'appagamento della possessione», scrive Roland Barthes. L'illusione è nella durata di tali emozioni. Si tratta di emozioni tanto profonde quanto labili: scuotono, colmano la persona, ma la loro brevità le fa sembrare un sogno incompleto, per cui la ricerca dell'altro non ha mai fine. Ma ciò che esiste di più reale e concreto tra coloro che si amano è il legame reciproco di solidarietà (quando c'è, beninteso!) Esso continua oltre il coito e dà significato di esaltante continuità alla scelta del vivere insieme con il proprio compagno.

Quando ci sono presupposti del genere, accade anche di concepire un figlio 'in allegria', per il puro piacere di essere in tre: «Sarà una cosa tutta nostra, nata proprio da noi». A questo si aggiunga il desiderio di un piccolo da tenere fra le braccia, da coccolare. Non ci si sta tanto a pensare su: si fa presto a idealizzare un bambino e l'incredibile cumulo di speranze, di progetti che porta con sé e che suscita, poi, crescendo.

Ma altre volte l'amore solidale non c'è, e vale poco mistificarlo sotto altre etichette: così accade che il figlio sia concepito a caso, nel tranello d'un incontro sessuale, d'un desiderio prorompente, d'una solitudine da colmare o perfino d'una violenza reciproca!
Ed ecco che la nuova vita comincia come una pianta estranea, non voluta, un'erbaccia che si vorrebbe estirpare.

Le ragioni di questo 'no' possono essere tante e anche valide dal punto di vista dei genitori, ma per il bambino è una condanna in partenza, un inizio fatale. I suoi non lo volevano, non si sono amati *anche* nel desiderio della sua presenza. Diventati genitori loro malgrado, è ovvio che siano preoccupati soprattutto delle difficoltà, dei rischi, del sacrificio costante che la sua presenza richiederà.

Questo inizio negativo non si risolverà mai del tutto. Tracce del 'sì' o del 'no' al concepimento del figlio emergeranno dopo la sua nascita in discorsi palesi e in gesti minimi, in recriminazioni o in altre sfumature.
I genitori non dimenticheranno, e il figlio assorbirà il rifiuto, sia pure inconfessato, dato che già da piccolissimo ha un'esatta e prodigiosa percezione delle emozioni di chi lo tiene fra le braccia, gli parla (o non gli parla!), lo nutre...
In effetti, la genitalità umana è un vissuto di ambivalenze (dedizione e rifiuto, tenerezza e antipatia, identificazione e opposizione) che il concepimento casuale non può non aggravare.

Desiderare un figlio

Che cosa significa dunque 'volere un bambino'? È la scelta oggettiva di un esaltante fatto creativo o è il frutto di condizionamenti ambientali ('bisogna' sposarsi e avere figli)? Quanto è bisogno inconsapevole di continuità e quanto è desiderio oggettivo di un terzo fra i due, persona fin dalla nascita, capace di sentimenti, di rapporti?

Molti sono gli uomini e le donne che si sentono realizzati nella loro condizione di umani solo in quanto generano un figlio o lo creano per così dire dal nulla, grazie ad un rapporto tra loro che spesso, più che un vero incontro d'amore, è reciproca fruizione. Per di più, dati i condizionamenti ambientali, il desiderio d'un figlio appare fin troppo diversificato nell'uomo e nella donna: per il primo può essere esaltazione di potenza virile; per la seconda, prova di una ricettività passiva e di una disponibilità cui è stata addestrata fin dalla nascita.

La differenza fra gli opposti è invalicabile?

Nel figlio entrambi si sentono realizzati proprio in quanto uomo o donna. Già questo è fortemente limitante e per di più illusorio. In effetti, nessun uomo è puramente maschio e nessuna donna è esclusivamente femmina.
Oggi questo appare molto chiaro e più accettabile che in passato: c'è in ciascuno di noi una molteplicità di valenze, di sensazioni di aggressività, di cedevolezze di volta in volta colorate di una sessualità o dell'altra, che ci fa paura riconoscere.
Non permettiamo che emerga la componente maschile o femminile che è in noi, a causa della forte repressione sociale. Ne soffochiamo le modalità creative che rendono più sfaccettato e ricco il nostro modo di essere. Per paura le nascondiamo a noi stessi, diventiamo schematici adeguandoci al rigido e semplicistico dualismo degli opposti, di cui è permeato il nostro vivere: maschi e femmine, forti e deboli, abili e incapaci, sani e folli, e così via... Un dualismo che può indurre a credere che esista davvero una netta invalicabile differenza tra due opposti, in particolare tra mascolinità e femminilità.
È quello stesso dualismo che porta a evidenziare le categorie dei 'più' (i maschi, i sani, gli abili) a danno dei 'meno', pur sempre indispensabili. Non a caso Simone de Beauvoir ha parlato di «secondo sesso» alludendo ovviamente a quello femminile.

Nel rapporto sessuale questa mentalità, stantia ma tuttora valida per molti, entra da padrona. La divisione dei ruoli, la maschera che a ciascuno dei due compete, l'insufficienza del dialogo, la ricerca spesso faticosa di un superamento concreto alla limitatezza umana, sfociano tutte nel concepimento d'un figlio.
Ci si illude che la sua presenza, 'sacralizzando' la famiglia, cementi legami in fondo labili, nati più da impulsi inconsci che da scelte consapevoli dei limiti e delle qualità del partner. E l'errore si perpetua al secondo o al terzo figlio!
Ancora più difficile capire che cosa significhi volere un bambino *oggi*, data la disumana condizione che tutti noi stiamo vi-

vendo e che a molti toglie il desiderio di concepire e di lottare per un mondo diverso.
Forse non è possibile risolvere i tanti inquieti perché dell'esistenza, ma intanto si può divenire coscienti del fatto stesso di porseli. Perché ho scelto quest'uomo? Perché ho scelto questa donna? Quali parti di me trovano conforto e completamento in lui (o in lei)? Quale genitore sto ricercando nel mio compagno? A quale vuoto voglio fuggire? Quali sogni insoddisfatti sto inseguendo? E perché un bambino? Che cosa mi aspetto? Che cosa ci aspettiamo da lui?

Quale amore?

«L'amore, l'innamorarsi,» ha scritto Francesco Alberoni, «è una forza terribile che tende alla fusione e rende ciascuno di noi insostituibile per l'altro», è un vissuto splendido ma del tutto precario per assicurare a un figlio quel nido sicuro di cui ha assoluto bisogno. Erich Fromm descrive così l'innamoramento: «Se due persone che erano estranee lasciano improvvisamente cadere la parete che le divideva e si sentono più vicine, unite, questo attimo d'unione è una delle emozioni più eccitanti della vita. È ancor più meraviglioso per chi è vissuto solo, isolato, senza affetti. Il miracolo di questa intimità improvvisa è spesso facilitato se coincide con l'attrazione sessuale. Tuttavia questo tipo di amore è per sua stessa natura non duraturo via via che i due soggetti diventano bene affiatati, la loro intimità perde il suo carattere miracoloso, finché il loro antagonismo, gli screzi, la reciproca sopportazione uccidono ciò che resta dell'eccitazione iniziale. Eppure all'inizio essi non sanno questo. Scambiano l'intensità dell'infatuazione, il folle amore che li lega per la prova dell'intensità del loro sentimento, mentre potrebbe provare solo l'intensità della loro solitudine» (da *L'arte di amare*, Mondadori, Milano).

In questo tipo di rapporto, così facilmente esaurito nel giro di pochi mesi o anni, l'altro è vissuto come 'salvagente': è dunque attaccamento, amore immaturo e possessivo che schiavizza l'altro o esige di essere schiavizzato. Guai se su questo

s'innesta la presenza d'un bambino che esige un ben diverso genere di relazione: dedizione e attenzione totali per il solo fatto di esistere. Chiuso nel suo naturale egocentrismo, il bambino esige dagli altri questo tipo d'amore. Verso l'adulto è adorante, acritico; risponde in modo incondizionato a comportamenti per lui comunque validi e che esigono quindi da parte degli adulti consapevolezza e senso di responsabilità.
L'amore maturo tra due individui è invece quello in cui l'uno non sovrappone la propria personalità a quella dell'altro, ma anzi le consente di espandersi. È «un potere attivo», scrive Fromm, «che annulla le pareti che lo isolano dai suoi simili, che gli fa superare il senso di isolamento e di separazione e tuttavia gli permette di essere se stesso per conservare la propria integrità».

Questo discorso vale anche per l'amore parentale, e richiede allenamento, attenzione, pazienza. Per il ruolo stesso che riveste dovrebbe essere il tipo di affetto più maturo, senza contropartite: si dice infatti che sia il più disinteressato dei sentimenti.
In realtà non è così: troppo spesso si esigono contropartite più o meno esplicite, del tipo: «Io mi sacrifico per te, ma tu devi amarmi, devi obbedirmi...» Ricatti sottili, legami castranti, in apparenza inconsistenti ma saldissimi, per la loro insistente ripetitività; sono i tranelli in cui i genitori cadono senza rendersene conto: «Se vuoi bene a mamma, non farlo!... Mi farai ammalare». Il gioco terribile della colpevolizzazione! Tutti l'abbiamo provato come figli e tutti ci cadiamo come genitori o come insegnanti. È una catena da rompere e al più presto. Forse si tratta di parlarne con altri, amici, coetanei che abbiano problemi simili ai nostri e orecchie disponibili, cercando insieme soluzioni più costruttive.

La famiglia allargata

Condividere con altri le ansie della vita di coppia e della genitalità significa uscire dalla logica ristretta d'un rapporto a due che alla lunga si esaurisce in se stesso e che non ha approdi se non si confronta con altre realtà, simili o dissimili che

siano. La sterilità di una famiglia, troppo chiusa verso l'esterno, succube di un rapporto di soggezione con gli anziani dei due ceppi d'origine, si ripercuote inevitabilmente sui figli che vivono la loro realtà di 'oggetti', di poli d'attenzione cui il parentado mira per verificare, inconsciamente o meno, se la madre sia all'altezza del compito o il padre fedele ai principi di casa e se il bambino cresca secondo i canoni indiscussi della tacita legge dell'uno o dell'altro clan famigliare.
Le situazioni irrespirabili di certe 'famiglie-prigione' (secondo il paragone di André Gide) sono la morte d'ogni slancio vitale dell'individuo: 'nidi di vipere', per usare un'immagine di François Mauriac. Pel-di-carota (protagonista del celebre racconto di Jules Renard), figlio rifiutato fino al sadismo più insensato, descrive la famiglia come «la riunione forzata sotto lo stesso tetto di persone che non si possono sopportare».
Si tratta di situazioni malate, nel senso che i rapporti, sia all'interno sia all'esterno basati sulla negazione dei sentimenti, generano comportamenti devianti. Gli altri non sono visti come reali, ma fantasmizzati in base a pregiudizi. A volte qualcuno dei suoi membri si salva se, uscendone, riesce a crearsi legami positivi fuori di essa.
Il rischio di tutto ciò esiste in ogni nucleo famigliare chiuso a ogni stimolo esterno.

È evidente che la famiglia allargata, semplicemente aperta a un maggior numero d'incontri, offre ai figli più figure di confronto, amici di varie età, legami che non sono esclusivamente di 'sangue', in una parola altri modelli. Comunica di per sé, con tali esperienze, sicurezze nuove, maggiore fiducia verso gli altri e un più facile superamento degli esclusivi affetti del nucleo originario.

L'importanza dei veri amici

Oggi, come in passato, l'amicizia è cosa rara. Inquinata da criteri di vantaggio reciproco e da ansie di sopravvivenza, spesso perde la sua autenticità e si trasforma in altra cosa. Ma quando c'è!... Come non sentire la ricchezza che ci viene dal-

l'amico che ci offre calore, fiducia, ascolto disinteressato? Ci si rivede dopo secoli e il legame riprende indisturbato: l'intesa c'è sempre.
Oppure ci si incontra spesso e non ci si annoia. Scopriamo il piacere di fare cose insieme, costruire, progettare: l'uno si arricchisce dell'altro e si è reciprocamente appagati, senz'altra richiesta né desiderio che vada oltre i bisogni dell'amico.

Nella famiglia aperta gli amici più saldi possono offrire ai nostri figli un'alternativa essenziale all'immagine che presentiamo noi come genitori.
Sono per loro altri padri o madri, ed essi sperimentano di poter avere un rapporto con adulti che non sia ancora una volta di sfida o di affermazione, ma solo di amichevole, solidale fiducia.

Avere un bambino

Un bambino è un bene troppo prezioso per fabbricarlo a caso. Le donne oggi rivendicano giustamente il diritto di scegliere il tempo per diventare madri. Lo stesso dovrebbero fare i padri, dato che questa persona (prodigiosa, scomoda, esaltante, faticosa, che è un figlio) la si concepisce in due.
E tuttavia il legame affettivo con il figlio è diverso, almeno agli inizi, per l'uomo e per la donna, perché diversi sono il rapporto biologico con lui e le pressioni sociali che ne derivano.

Per l'uomo, concepire un figlio è come mettere il fiammifero sulla legna già pronta. Lui può anche andarsene: è la donna che resta lì ad alimentarlo per 9 mesi con l'impegno, i pensieri, i desideri, le nostalgie di tutto il suo essere. L'uomo, deresponsabilizzato com'è di fronte al partorire e al nascere, approfitta di questo comodo destino biologico. In effetti una donna può anche continuare da sola la formazione del figlio, mentre per l'uomo ciò è attuabile solo dopo la nascita del bambino. E non è poco!
Tuttavia, 'allevare' in solitudine un figlio non è certo la soluzione ideale: a un cattivo partner è preferibile la presenza di altri adulti, per esempio amici, pazienti e premurosi.

L'importanza del 'dopo'

Sotto certi aspetti, concepire e generare è ancora il meno, nel senso che il 'dopo' ha per il bambino altrettanto peso. È 'dopo' questi misteriosi mesi uterini che il bambino assume la sua forma psichica esplicita. È solo dopo la sua nascita che coloro che l'hanno generato diventano genitori. No, non si tratta dei cosiddetti 'legami di sangue', ma del peso formativo della loro presenza (o assenza).

In effetti, per essere madri e padri in modo sano non occorre aver generato; e se è pur vero che il fatto di concepire e partorire un figlio con amore dà all'adulto la possibilità di scoperte di ampia portata vitale, tuttavia non è *l'evento biologico in sé* che trasforma la persona. Non la rende comunque matura e responsabile, non ne fa insomma un genitore. Padre e madre è chi sta con il bambino: non è detto che per star bene egli abbia bisogno dei genitori biologici, comunque essi siano, ma di figure parentali affettuose, emotivamente stabili, rassicuranti. L'ideale, ovviamente, è che queste figure coincidano con i suoi genitori naturali.
Tuttavia è inutile, a volte, voler salvare a tutti i costi l'immagine di 'bravo' padre o madre, e quindi il legame di coppia in nome del bambino, mentre il contrasto tra i genitori, il rifiuto sordo che il piccolo percepisce verso di sé, l'inesistenza di un rapporto di fiducia, demoliscono le sue forze migliori arrecandogli danni a volte irreparabili!

Genitori, una scelta

A monte resta comunque per gli adulti la responsabilità del dare origine a una nuova vita. Il concepimento voluto, desiderato è il primo atto d'amore verso il bambino: egli ne ha diritto. È l'inizio della relazione affettiva con lui che lentamente si stabilizzerà vivendo bene, come una partita a tre, la gravidanza, il parto, l'allattamento.
Sono questi i passaggi obbligati per la salute del neonato e per il rapporto con lui. Se partiamo dall'idea che egli non è una 'cosa', ma vive in funzione della relazione intensissima che stabilisce con la madre e con il padre, possiamo ben capire come ciascuna fase sia importante.

Quando un figlio non è desiderato, la donna spesso impiega mesi (anche se non lo dice apertamente) a conciliarsi con l'idea di un estraneo che è in lei. Lo stato di ansia e di contrazione psicologica non di rado si esprimono in nausee o minacce d'aborto.

Se invece il concepimento è stato voluto da entrambi i genitori, c'è una partecipazione rassicurante e protettiva intorno all'embrione esposto a molte insidie, incluse le ansie materne, alimentate da preconcetti e disinformazione.

Sul tema della gravidanza è stato già scritto molto. Vale comunque la pena di sottolineare che, se il figlio è stato desiderato da entrambi, per i genitori è più facile vivere fin d'ora serenamente la presenza del bambino e adeguarsi alle limitazioni che la gestazione comporta.
Il rapporto esclusivo che egli chiede nei mesi successivi alla nascita è preparato da questa lenta evoluzione, che spesso interferisce nei rapporti sessuali della coppia, alterandone l'equilibrio temporaneamente. Per esempio, vi sono donne che per tutto il corso della gravidanza, o già poche settimane dopo il parto, provano forti impulsi sessuali. Altre invece, soprattutto negli ultimi 2 mesi, vivono la penetrazione come una violenza, con un rifiuto profondo che non osano manifestare: non riescono ad accettare serenamente il cambiamento emotivo che provano e soprattutto il sentimento di essere totalmente assorbite dal nascituro. Ancor meno riescono a manifestarlo: il timore confuso di perdere l'attenzione amorosa del loro compagno si mescola a sentimenti di colpa verso il nascituro. Talune puerpere sono in gravi difficoltà per alcune settimane: hanno percepito la nascita del figlio come perdita dolorosa di una parte di sé, e ne conservano un vissuto di mutilazione che le blocca nei confronti dell'attività amorosa, soprattutto del rapporto sessuale con il loro compagno.

In tutti questi mutamenti non c'è nulla di anormale o di definitivo. Per la propria salute e quella del piccolo la donna dovrebbe avere tutto il tempo soggettivamente necessario per assuefarsi al neonato, come pure all'allattamento: deve conciliarsi pienamente con il suo essere madre per poter essere di nuovo un'amante affettuosa e disponibile. Evidentemente, in questo delicato processo, l'atteggiamento del partner è di fondamentale importanza per trovare un nuovo equilibrio.

Ancora una volta il fatto che il figlio sia voluto fa accettare meglio le conseguenze della gravidanza nei rapporti sessuali, come per esempio le difficoltà di posizione, ma ancor più il mutato stato d'animo come gestante o come puerpera.

Oggi l'idea di 'programmare' un figlio si va diffondendo, ma più in base a scelte... logistiche ed economiche che non a un'effettiva consapevolezza delle esigenze del bambino. Dalla casualità del passato si cade oggi in un'ansietà da efficientismo che toglie spontaneità anche ai rapporti amorosi. «Con questa preoccupazione non si fa bene l'amore» è testimonianza comune soprattutto delle donne che spesso hanno, rispetto agli uomini, ritmi diversi di partecipazione sessuale, e sentono maggiormente il timore di una gravidanza indesiderata, quanto inopportuna.

Allora, se si sbaglia, l'aborto?

Abortire non è certo la soluzione migliore. In ogni caso è umiliante, penoso, reso difficile dall'ostilità ambientale, è carico di rischi se non è attuato entro i primi 2 mesi...
No, sono di gran lunga meglio i mezzi contraccettivi, scelti con criterio, che, assicurando alla coppia una tranquillità di rapporti, favoriscono l'unione e l'adattamento reciproco.
La conoscenza e l'uso dei mezzi contraccettivi consentono inoltre di scegliere il tempo migliore per concepire, non solo dal punto di vista della stabilità economica, ma soprattutto da quello della salute di *entrambi*. Per esempio, concepire durante una convalescenza o sotto l'influenza di farmaci ad azione prolungata non è affatto consigliabile! La salute del futuro neonato potrebbe esserne compromessa.

Attacchi alla maternità

Se la gravidanza trascorre normalmente, senza interventi medici, è doppiamente importante prepararsi al parto proprio

perché si tratta di un'esperienza così unica e pregnante che il conoscere in anticipo le modalità e il comportamento migliore da adottare può abbreviarne la durata e ridurre il rischio di sofferenze fetali e materne.
Purtroppo ci si scontra ancora con una realtà ospedaliera delle meno confortevoli.
Indifferenza, ironia, colpevolizzazione, luoghi comuni, sono atteggiamenti frequenti verso la donna che sta partorendo o che intende allattare. Nel migliore dei casi le si dà il contentino di qualche spiegazione medica, ma ella resta comunque un oggetto, un corpo, nel quale avvengono fatti che, secondo i sanitari, in fondo non la riguardano. In ospedale la partoriente 'ideale' è quella passiva che si affida totalmente al personale, non chiede, non grida, non ha esigenze, così come la nutrice 'ideale' è quella che... non ha latte, sicché il bambino è alimentato al poppatoio e non esce nemmeno dalla *nursery*.

La *medicalizzazione* ha invaso ogni aspetto della nostra esistenza e oggi segna in modo pesantissimo la nascita, i primi giorni di vita. La sicurezza sembra venire solo dalla cosiddetta scienza, mentre in realtà la medicina, pur con tutta l'estensione delle sue ricerche e delle sue apparecchiature, non potrà mai essere scienza esatta. Essa esclude a priori tutti gli elementi affettivi, psicologici, emozionali che aggiungono imponderabili varianti all'evento fisiologico.
In pratica, si nega che gravidanza e parto siano prima di tutto eventi naturali, e l'allattamento la loro conseguenza diretta. Non si garantisce così la persistenza di quel 'contenitore materno' avvolgente e vitale, l'unico che lo possa proteggere dalle ansie precoci e dalla costruzione prematura di meccanismi di difesa.

Riappropriarsi del parto

La volontà negli ultimi decenni da parte delle donne di riappropriarsi del *loro* parto (come testimonia l'abbondante letteratura) sembra essere un po' in declino. Cresce di nuovo la delega al medico, all'ospedale. Viceversa, la preparazione al

parto, fin dal sesto-settimo mese di gestazione, può diventare occasione di maturazione psicologica per entrambi i genitori, rafforzandoli nella consapevolezza del diritto inalienabile a un parto il più possibile naturale. Forse saranno più combattivi nei confronti della 'maternità', dove i ritualismi sanitari, gli atteggiamenti difensivi e le pratiche di *routine* appaiono ingranaggi che vanificano ogni rapporto umano.
La stessa posizione ostetrica, supina, assolutamente innaturale per la partoriente, è entrata in uso e si è imposta da quando i medici sono diventati protagonisti e 'primi attori' nella sala parto. Fra le popolazioni primitive, infatti, le donne partoriscono in posizione accovacciata, sedute su apposite sedie, inginocchiate...

Come 40, 50 anni fa, si mette al mondo un figlio come se si affrontasse un intervento chirurgico; ci sono i fiori e le congratulazioni, ma il clima medico è peggiorato, perché più rigido, più ossessivo. Non sempre, ancora oggi, il personale è preparato a un'assistenza che includa partecipazione umana e conoscenza psicologica non superficiale.

Una rivoluzione da fare

Si dice: «Guai se infermiere e medici provassero simpatia per i loro pazienti», ma non è questo che si chiede, quanto la consapevolezza dell'altro come persona. La rivoluzione all'interno degli ospedali è ancora tutta da fare. Essi pongono gli stessi problemi di rapporto interpersonale che esistono all'interno di altre istituzioni: l'ospedale psichiatrico, la scuola, il carcere, i ricoveri per gli orfani e così via, con l'aggravante della presenza del dolore, della malattia, della paura della sofferenza e dell'incombenza angosciosa della morte.

Tecniche psicologiche che consentono di analizzare i rapporti interpersonali (per esempio la Gestalt, l'analisi transazionale o la socioanalisi), usate sistematicamente negli ospedali, nelle scuole di medicina o di ostetricia, potrebbero prevenire tanta deformazione di rapporti: contribuirebbero a rafforzare

le strutture psicologiche del personale, che si difende da un lavoro stressante sul piano emotivo, negando la possibilità di una relazione umanizzata all'interno dell'istituzione (salvo i privilegi per il paziente 'da trattare bene').
Per tornare al parto, bisognerebbe accertarsi per tempo di come si nasce in questo o quell'altro ospedale, proprio per scegliere... il meno peggio, cercando di sapere in anticipo il tipo di pressioni e di interventi che vengono fatti sulla madre, anche a sua insaputa.

Oggi l'uso generalizzato di farmaci che accelerano il parto (in particolare la famosa ossitocina) condiziona i tempi, le modalità del travaglio e dell'espulsione. I bambini nascono meno di notte o di domenica (per non 'disturbare' il personale sanitario); il parto è più veloce (ma che doglie e quanti altri farmaci, perché il dolore non sia eccessivo e quindi insopportabile!) Di nuovo alla donna viene sottratto il parto, non più con la passività indotta da un bonario e paternalistico: «Non ci pensi, siamo qui noi», ma con i farmaci, il monitoraggio, o altre tecniche adottate a volte anche quando non sono indispensabili. Se la donna si è preparata e sa come gestire le contrazioni con la respirazione e con il rilasciamento, riesce forse a resistere meglio a pressioni e invadenze.

Un parto mal fatto lascia segni pesanti

No, non si può andare al parto senza essere agguerriti oltre che preparati: è meglio sapere in anticipo che tipo di ostilità s'incontreranno, informarsi se si può essere accompagnati da una persona tranquilla e di tutta fiducia. Un parto mal fatto lascia segni troppo pesanti perché lo si possa abbandonare al caso. E bisogna coalizzarsi con altri gruppi di donne o con altre coppie per ottenere assistenza adeguata dall'ospedale, senza compromessi che danneggino madre e bambino.
Proprio perché si è ceduto tutto il potere ai medici, si è giunti a eccessi, purtroppo ancora diffusi, di disumanizzazione, che del resto si verificano in egual misura in altri reparti. Sono argomenti da affrontare seriamente nella gestione sociale

dei consultori e dei quartieri, là dove essa è attuabile perché l'ospedale cessi di essere, per chiunque sia costretto a entrarvi, quell'esperienza di allucinante distacco, di annullamento della persona in cui molti incappano, anche se meno d'un tempo.

Un'alternativa può essere il *parto in casa*, come si fa in altri paesi europei, incoraggiando chi vuole realizzarlo con regolari visite preventive, un'assistenza domiciliare accurata e la facilità di ricoveri urgenti nel caso di rischi durante o dopo il parto.
Da noi questo, in meno di 30 anni, è diventato pressoché inattuabile, anche perché sono rarissime le ostetriche disposte a seguire un parto in casa, e i medici fanno opposizione. Riusciranno le donne a 'riprendersi il loro parto'?

Parto e nascita

Accanto a tutto questo, come ci occupiamo del neonato? Fin dagli anni Venti Maria Montessori raccomandava di porre al bambino la stessa attenzione, la stessa considerazione per le sofferenze e la fatica riservate alla madre.
«Il dramma del neonato è il totale distacco dalla madre che finora ha fatto tutto per lui. Separato da lei e abbandonato alle sue deboli forze, egli deve a un tratto compiere da solo tutte le funzioni della vita. Fino a questo momento era cresciuto adagiato là, dove un liquido tiepido creato per lui lo difendeva da ogni urto, da ogni squilibrio di temperatura; là dove non gli era giunto il minimo raggio di luce né il più lieve rumore. Ed ecco che egli lascia quell'ambiente per vivere nell'aria. Il cambiamento è repentino, senza successivi stadi di transizione: egli che dianzi era in riposo, d'un tratto si deve assoggettare al lavoro faticoso del venire alla luce. Il suo corpo è stritolato quasi, come se si costringesse un adulto a passare sotto una macina da mulino che gli spostasse e gli snodasse le giunture. Ed eccolo giunto a noi, esausto dal terribile contrasto tra il perfetto riposo e l'inalienabile sforzo appena compiuto. Egli è spossato, ferito, come un pellegrino che

giunga a noi da paesi lontani. E noi, che cosa facciamo per riceverlo, per aiutarlo? Tutti sono affaccendati intorno alla madre. Il medico gli getta uno sguardo superficiale, per stabilire se è sano e vitale, come se dicesse: 'Ora sei vivo e sano, arrangiati come puoi!'... Si pensa a fare il buio e il silenzio attorno alla madre che è stanca; e il bambino non è stanco?...» (*Il bambino in famiglia*)

«Se facciamo un parallelo tra le cure date al bambino e quelle date alla madre,» scriveva ancora Maria Montessori in *Il segreto dell'infanzia*, «e proviamo a pensare che cosa sarebbe per la madre essere trattata come il neonato, si renderebbe più chiaro l'errore che commettiamo. La madre è lasciata immobile, mentre il neonato è trasportato lontano da lei affinché non la disturbi con la sua presenza ed è riportato vicino a lei soltanto nelle ore in cui deve alimentarlo. Il bambino in questi viaggi viene maneggiato, non senza scosse, per indossare bei vestiti e ornamenti di nastri e merletti. Questo equivarrebbe a obbligare la madre subito dopo la nascita ad alzarsi e a vestirsi elegantemente per presenziare a un ricevimento. Il bambino è sollevato in alto... e poi di nuovo abbassato. Chi penserebbe mai di sottoporre la puerpera a simili movimenti? La giustificazione che si usa dare è questa: il bambino non ha coscienza, e senza coscienza non c'è né sofferenza né godimento.» Inutile quindi 'usare per il neonato tante attenzioni e raffinatezze'.

Il fatto che nel linguaggio comune si parli di 'partorire' e di 'nascere' non è casuale: esprimono due azioni diverse, entrambe attive, due vissuti paralleli strettamente legati l'uno all'altro che hanno la loro logica conclusione in un rapporto molto stretto dopo la nascita, con eguale attenzione sia alla madre, sia al bambino.
Proprio da questo semplice, ma dimenticato esame di realtà nel 1948 presero avvio a Roma le esperienze del Centro Nascita Montessori, tuttora vitali, allo scopo di proteggere, per una vita migliore, entrambi gli attori di questo dramma umano, continuamente rinnovato.

Dopo la nascita

Il 'poi' è egualmente tutto da costruire. Si pensi per esempio alla *separazione della madre dal suo bambino* subito dopo la nascita, imposta dal regime sanitario e giustificata dal bisogno di entrambi di riposare. In realtà è voluta dal personale, per tenere tutto facilmente sotto controllo. La separazione subito dopo la nascita, proprio nel momento più importante per ristabilire nel riposo, nel silenzio, nella vicinanza, il contatto profondo tra madre e figlio, ha qualche cosa di sadico, di necrotizzante: tutto deve essere asettico, perfetto, precettato, controllato. Solo dopo 10, 12, 15 ore, quando va bene, i due 'partner' si potranno incontrare di nuovo, a giudizio insindacabile dei sanitari.
Spesso, dopo il parto, la madre si sente come frantumata, confusa... L'episiotomia, e i 'punti' al perineo che ne seguono, sono un'altra circostanza negativa, un ostacolo in più alla relazione tra madre e figlio per il dolore, l'anestetico e l'intervento operatorio che accentuano il carattere medico del parto; così come l'ossessiva attenzione all'asepsi divenuta alibi alla separazione dopo il parto, all'esclusione di contatto fra genitori e neonati immaturi. Subito dopo la nascita hanno *entrambi* bisogno di luci basse, di silenzio, del minimo possibile di stimoli, ma soprattutto di reciproca vicinanza.

È nella presenza del bambino fin dai primi istanti che la madre coglie in profondità il significato di quanto ha vissuto, delle sue attese e delle sue speranze, mentre la lontananza dal figlio la deprime, la rende inquieta e sfiduciata. È nella presenza, nel caldo contatto con la madre che il bambino ricostruisce il legame profondo appena interrotto, un legame che è ancora e solo corpo: pelle, odore, battito cardiaco, voce, respiro.

D'altro canto, parallelamente, è proprio nel bambino che la donna riannoda il senso di certi suoi vissuti anche sessuali: le emozioni di quei primi 2-3 giorni possono arricchire enormemente il legame amoroso con il compagno. Inoltre, il suo at-

teggiamento interiore e corporeo è tutto verso il dare e, se sa ascoltarsi, sarà istintivo per lei tenere il bambino contro il seno e dargli subito il capezzolo.
Tra madre e figlio si stabilisce così una relazione corporea, un dialogo di natura anche erotica, segnato da un piacere profondo che entrambi sentono e che è così difficile descrivere verbalmente ad altri, anche per il timore diffuso di 'contaminazione' tra sfera sessuale e amore materno!

Il compito del padre

All'uomo, al padre, spetta di farsi carico della protezione che madre e bambino esigono e che nessuno meglio di lui, partecipe alla vita di entrambi, può offrire. Questo lo salverà dal vivere sentimenti di esclusione e di inutilità.
Ma la protezione non s'improvvisa al primo giorno di puerperio. Si prepara insieme vivendo via via la gestazione del figlio, scegliendo con criterio il luogo del parto (e di conseguenza il personale ostetrico), chiedendo alcune garanzie, come per esempio la presenza dell'uomo al parto, se entrambi lo desiderano, liberandosi dal lavoro nelle 2 settimane che seguono la tanto attesa nascita del bambino.
Questo conoscere insieme il figlio fin dagli inizi crea legami durevoli. «Io c'ero... ricordo che...» Impressioni di vita che tranquillizzano la madre e che il bambino ritroverà più tardi in tante sfumature o discorsi. Ora creano un guscio protettivo attorno a loro due, consentono a entrambi di abbandonarsi a un reciproco innamoramento: vitale per la donna al fine di ricostruirsi, dopo la prova della gravidanza e del parto, vitale per il bambino per affrontare il non facile adattamento all'ambiente extrauterino per il quale tutto deve imparare: persino a respirare e a succhiare!

Il diritto al seno materno

Quanto all'*allattamento*, è significativo che le difficoltà, lo scoraggiamento nei suoi confronti comincino proprio in ospedale: solo una donna forte, decisa, ben preparata, può a-

vere voglia di allattare dopo un parto vissuto come un ciclone che l'ha lasciata stordita.
Separata dal figlio e dal compagno, faticherà a resistere alle pressioni del personale, sognando un rapido ritorno alla vita di prima. Accantonerà eventuali sensi di colpa e si chiuderà a quella parte di sé che le suggerisce di tenersi stretto il figlio.

Oggi, un allattamento al seno prolungato e tranquillo è ancora infrequente: la persuasione 'occulta' esercitata dalle industrie del latte in scatola e veicolata dal personale sanitario convince le madri che i bambini crescono meglio con questo alimento, e che tutto è più facile.
Grossa illusione, perché il latte di mucca, fresco o in polvere, oltre a essere alimento devitalizzato per le troppe manipolazioni che ha subìto, è molto costoso ed esige comunque un tempo di preparazione. È vero che l'organismo infantile ha incredibili capacità di adattamento, e sopravvive anche agli attacchi di un cibo innaturale e alle vitamine sintetiche che intendono sostituire il migliore dei cibi prodotto dalla madre.
Eppure oggi molti bambini mostrano precocemente segni di fragilità e disturbi di tipo allergico, un tempo impensabili: senza contare certa deprivazione affettiva e quindi danni per la salute mentale.

L'allattamento artificiale: un distacco troppo precoce

Il latte 'artificiale' offre però il 'vantaggio' che può essere dato da chiunque al bambino, ed ecco diffondersi la nuova prassi: il distacco precocissimo dalla madre.
Anzi, a volte non si dà nemmeno il poppatoio tenendo il bambino tra le braccia, ma glielo si lascia sistemandoglielo in qualche modo davanti perché non cada, mettendo il lattante semiseduto nella culla o nell'*infant-seat*: un tempo erano i brefotrofi a farlo, oggi sono le famiglie, ed è prassi comune persino nelle *nursery* dei reparti 'maternità' degli ospedali.
Abbiamo ormai 'annate' di bambini che non hanno quasi conosciuto il corpo d'un adulto: la loro inquietudine, il precoce

comportamento disequilibrato, la mancanza d'attenzione sono certamente legati anche al vuoto delle rassicuranti esperienze corporee dei primi mesi. Il piacere di allattare, di essere uno con il bambino è qualcosa che le donne di oggi cominciano a riscoprire, godendo della piccola bocca infantile, di questi occhi che fissano instancabilmente il viso materno (esperienza sconosciuta a chi allatta solo per un mese o due) come in un rapporto amoroso non orgastico come quello genitale, ma non meno intenso, profondo, completo.

Tutto quello che di positivo la donna prova rifluisce come forza rassicurante sul bambino e sul suo compagno, se i due hanno un rapporto chiaro e piacevole, come elemento di continuità all'interno del triangolo. Il seno, se non è percepito con falsi pudori o con sentimenti di colpa, può essere vissuto dalla donna come oggetto di piacere anche per il figlio e come offerta d'amore che il bambino assorbirà insieme con le consolazioni del cibo, del calore corporeo, della posizione stabile nella migliore delle culle: le braccia materne.
Un'offerta d'amore e di partecipazione che ha una sua logica continuità dal figlio al padre-compagno, poiché la donna conserva comunque anche per quest'ultimo nel rapporto amoroso un'immagine di materna, rassicurante pienezza che ha radici nell'incontro di lui, antico neonato, con un altro corpo materno, prima ancora che femminile.

Vi sono tuttavia donne che, durante il periodo dell'allattamento, sono turbate dalla doppia funzione materna e amorosa di una parte così importante del proprio corpo, turbamento che andrebbe rispettato, perché passeggero, per non intralciare il delicato legame tra la madre e il neonato.
L'ascolto di questi bisogni rinsalda l'unione anziché spezzarla! E se il legame è così profondo, si può ben capire il valore non rinviabile di una vicinanza diretta e continua tra madre e figlio, da non interrompere neanche per un istante, dalla sala-parto al riposo che ne segue, nei primi giorni e nelle prime notti: attimi irripetibili e così determinanti per il futuro equilibrio dell'individuo.

L'importanza emotiva dei primi giorni

Ah, quella prima settimana com'è importante! Condiziona tutte le altre; è lì che inizia l'*imprinting*, l'impronta amorosa da parte della madre: l'allattamento come piacere di allattare, come scoperta dell'avere un figlio e quindi sicurezza per il piccolo.
Di fatto, l'ospedale scoraggia in ogni modo l'incontro: se la madre ha deciso di allattare, il bambino le viene portato a ore prestabilite, ma se non può allattare o se il piccolo è immaturo (pesa cioè meno di 2500 g), non esce dalla *nursery*, ed è scelta della madre andare o no lei stessa dal bambino. In questi casi lo vede, quando va bene, una volta al giorno, e spesso con il tono della concessione da parte del personale! Eppure il bambino avrebbe ancor più bisogno della madre, ma non sempre la logica medica, anche se oggi in taluni reparti di terapia intensiva la presenza delle madri è molto valorizzata, lo riconosce.

C'è poi il dramma del non sapere le prime volte come si allatta: le donne credono che sia difficile solo perché non vedono altre donne allattare, e se ne preoccupano in modo eccessivo. In ospedale non sempre vengono rassicurate suggerendo la posizione, il gesto migliore. Accade ancora che, se il bambino è insonnolito, lo si svegli brutalmente, chiudendogli il naso o pizzicandolo. Scaduto il tempo, 20 minuti o mezz'ora, lo si ritira, e se ha succhiato poco c'è l'aggiunta di latte in polvere. Alla puerpera, nessun vero aiuto.
Spesso le prime volte si portano alla madre il bambino e insieme il biberon, come a dire: «Già sappiamo che andrà male, che non sarai capace!» Lei non sempre si rende conto di quanto venga svalutata ai suoi stessi occhi, di quanto la separazione la renda inquieta o in qualche modo ottunda la sua nascente sensibilità materna, che per espandersi deve essere valorizzata dalle circostanze, osservando, provando, controllando di persona.

La separazione, con la paura, sia pure immotivata, di perdere il bambino, di non sapere che cosa gli stiano facendo, lascia un segno nella madre. Persino donne per mestiere già esperte di lattanti si sono trovate in difficoltà: figurarsi le inesperte, quelle che non hanno mai visto un neonato e vivono con paura la fragilità e l'apparente incomunicabilità del piccolo che hanno stretto al seno.

L'uscita dall'ospedale

Comunque, viene per tutte il momento di uscire dall'ospedale. Oggi per fortuna il periodo di degenza è molto abbreviato. Volendo, si può tornare a casa subito dopo il parto avendo organizzato con un'ostetrica di fiducia un'assistenza durante il puerperio. Il vantaggio è che è più facile mettersi in relazione con il bambino, perché non sia così 'sconosciuto'. Tanti disastri di alimentazione o di sonno si possono prevenire con un buon incontro tra madre e bambino nei primi giorni, facilitando la conoscenza reciproca fin dagli inizi. A volte, negli incontri fra donne dopo il parto emerge l'amarezza dei primi giorni sprecati: «Ho sentito che era mia figlia solo quando sono tornata a casa!»

Qualche suggerimento

Della sensibilità infantile fin dalla nascita aveva tanto parlato da tempo Maria Montessori, profetessa inascoltata di un nuovo atteggiamento verso il neonato. È un discorso ancora tutto da scoprire, anche se alla sua voce si è aggiunta mezzo secolo dopo quella di un altro 'dottore', l'ormai celebre ostetrico Frédérick Leboyer, con discorsi assai vicini a quelli montessoriani.
La sua proposta, peraltro assai semplice, esige al momento della nascita un 'rallentarsi' delle persone in funzione del bambino per non rendere traumatico l'evento naturale. Egli suggerisce cose molto semplici: quando la testa del bambino affiora all'esterno sarebbe sufficiente:

- abbassare luci e voci;
- mettere il bambino appena uscito sull'addome materno (spesso è subito in grado di attaccarsi al capezzolo e di succhiare).

Un altro medico, Lorenzo Braibanti, ha parlato a favore del neonato suggerendo:

- prima di tagliare il cordone, attendere che il neonato abbia iniziato i primi atti respiratori e che il cordone si sia svuotato da sé verso la placenta;
- spostare, lavare, asciugare, vestire il neonato con la massima delicatezza.

Per incominciare ad *allattare bene* occorre, secondo Montessori e Braibanti:

- essere tranquillamente decise a farlo e aver accuratamente preparato il seno per questo;
- trovare una comoda posizione, sedute con uno o più cuscini sotto il braccio che terrà il bambino o sdraiate su un fianco (l'importante è che il viso del neonato sia a contatto con il seno, senta il capezzolo);
- carezzare il bambino e svegliarlo delicatamente se è insonnolito (non eccedere con la luce perché gli fa chiudere gli occhi);
- attaccarlo al seno subito dopo il parto e ogni volta che si sveglia nelle ore che seguono;
- non dargli aggiunte di latte artificiale nelle prime 3 giornate;
- stare tranquille, rilassate, non lasciarsi distrarre, ma concentrarsi serenamente sul bambino: il latte verrà.

Su questa stessa linea si pongono i consigli del Centro Nascita Montessori e quelli ancor più specifici della Leche League, la lega internazionale a favore del latte materno.

La stabilità dei legami

È facile che tutto questo parlare del legame tra madre e figlio, così essenziale a entrambi, appaia limitativo a chi, da prospettive diverse (soprattutto quelle di certo femminismo militante), giudichi assurda ed esclusiva una tale dedizione al neonato. A mio avviso essa è inevitabile se si vuole aiutare il bambino a vivere bene, e in fondo bastano pochi mesi!
Il guaio non sta certo nell'intensità del legame, quanto nella solitudine in cui è relegata la donna. Il sostegno di altri adulti che la capiscano, la incoraggino, parlino con lei e partecipino

alle sue esperienze, le è indispensabile. Questo la tranquillizzerà e le consentirà di sentire fino a che punto ha bisogno per alcune settimane del suo lattante, così come il piccolo di lei. Se di questo non ci si rende conto, spesso è perché si è troppo sofisticati o intellettualizzati per accettare gli aspetti regressivi e sensuali di un tale rapporto che via via si allenta e si modifica. Non v'è dubbio, comunque, che anche altre persone possano occuparsi positivamente del bambino per lavarlo, per consolarne i pianti, per nutrirlo.
È però necessario che ciò non diventi un confuso carosello di personaggi discordanti fra loro nell'atteggiamento e nella gestualità. Il bambino ha bisogno soprattutto di ritrovare impressioni, sensazioni: tutto ciò che è ritmico, graduale, offerto con cautela e rispetto non può che aiutarlo a vivere, ampliando le sue esperienze e le sue capacità di adattamento, pur senza terremotare i suoi costanti, indispensabili punti di riferimento quotidiani.

Quante volte nelle Maternità si chiede alle donne che vi entrano per partorire di comprare un succhiotto come parte 'ovvia' del corredo. Questo significa che fin dai primi momenti non ci si mette in ascolto del bambino, ma si preferisce tappargli la bocca e ingannarlo inducendo autoconsolazione, prima ancora di capire che cosa chiede. Spesso gli esperti non aiutano le madri a mettersi in sintonia con i loro neonati, con le loro capacità originarie in comune con tutti i cuccioli di mammiferi, ed è così che gli umani rinunciano a leggere i bisogni dei figli appena nati come invece gli animali sanno fare istintivamente.

Una relazione a tre

Oggi sono molte le madri che preferiscono occuparsi in prima persona del loro bambino: una disponibilità che deve restare comunque vigile e critica. Infatti, se da un lato il 'dialogo corporeo' tra loro è «fase iniziale fondamentale della comunicazione con il mondo» (come dice Bernard Aucouturier), dall'altro rischia di diventare frustrante se a lungo andare si trasfor-

ma in rapporto esclusivo: lo psichismo della madre invade quello del bambino, si sostituisce a esso. Anziché essere un rapporto aperto, via d'accesso a tutti gli altri, rischia di diventare un cerchio chiuso.
E allora, qual è la soluzione? Il fatto è che se comunque il bambino ha bisogno agli inizi di una figura *stabile* di riferimento, chiunque essa sia, occorre che ben presto si affianchino a essa, con la gradualità che è sempre indispensabile nella relazione con un lattante, altre figure egualmente stabili e comunque in numero limitato.

Sotto questo aspetto, l'esperienza dell'asilo-nido, *purché ben condotta*, può essere positiva. Tuttavia la presenza paterna resta essenziale. Non dimentichiamo che la nascita d'un bambino implica, come dice l'ostetrico Michel Odent, «l'installarsi di una relazione triangolare. La nascita d'un bambino può giocare nell'uomo il ruolo d'una crisi, d'un episodio che favorisce profondi rivolgimenti affettivi, forse un risveglio di ciò che appare come la componente femminile» dell'uomo, da sempre negata. «Quando milioni di giovani uomini avranno visto un neonato, l'avranno toccato e lavato, saremo in un'altra società.»

Naturalmente senza arrivare a eccessi assurdi che nulla hanno a che fare con i bisogni infantili. Un'amica mi ha raccontato di recente di una coppia che aveva rinunciato all'allattamento al seno perché il padre potesse nutrire alla pari il bambino!

Ci piace nostro figlio?

«Le piace il suo bambino?» è una domanda che mi accade talvolta di rivolgere ai genitori che incontro. A volte ne restano sconcertati, come di fronte a qualcosa cui non avevano mai pensato o come se il figlio fosse argomento che non si possa definire 'piacevole'! «Che intende dire?» rispondono sorridendo quasi imbarazzati. «È il nostro bambino, e gli vogliamo bene!»

Ecco, il gusto che si può trarre dalla sua presenza è altra cosa che il 'voler bene': un gusto spesso offuscato da difficoltà quotidiane, fatiche, scarsità di tempo e difficile da ritrovarsi giorno per giorno. Spesso ci si annoia con un bambino, non ci sembra che lo stare con lui abbia valore in sé, in quel momento! Sempre pensiamo al 'dopo', a quando sarà altra persona da ora.

Eppure ha ragione Bruno Bettelheim quando dice: «Bisogna guardare all'infanzia non come a una fase di sviluppo che avrà il proprio coronamento nell'età adulta, ma come a uno *stadio della vita altrettanto importante, per se stessa e in tutti i suoi aspetti, della maturità*. Ancora troppo diffusa è l'immagine dell'infanzia come preparazione a una vita futura, mentre *ogni suo momento è importante in assoluto* e non per ciò a cui porterà in seguito...: dobbiamo apprezzare il bambino in quanto tale e non per l'uomo che diventerà».

Un'altra domanda dovremmo porci spesso: noi siamo piacevoli per nostro figlio? Come gli parliamo? «Prenderai freddo!... Ma ti sei coperto bene?... Di sicuro cadrai!... Lo sapevo io che non saresti stato capace di controllarti!... Non mi piace quel tuo amico!... Non voglio che tu vada a mangiare fuori di casa!...»

La stima di sé

Accade di continuo sentir rivolgere frasi del genere a un bambino come pure a un figlio adolescente: raccomandazioni inutili che escono incontrollate dalla bocca degli adulti, come altrettanti messaggi di svalutazione, di negazione. Potremmo farne un elenco, tipico di ogni nucleo famigliare, e osservare come esse incidano abbassando il livello di *autostima* che il bambino può avere di sé.

Ma a monte di questo c'è la modalità d'intervento dei primi anni, quando le parole sono per il bambino un rumore allettante, ma spesso di significato oscuro. Quello che egli coglie molto bene è il gesto, il movimento: l'essere messo a letto quando non vuole dormire, la mano battuta quando cerca di afferrare il cucchiaio, il succhiotto messo di forza in bocca per calmare la sua rabbia, le lunghe sedute sul vasino, le sculacciate se arriva a toccare l'acqua, e così via.

«Sei troppo piccolo per... Sei troppo grande per...» Oscillando tra le sue contraddizioni, ignaro del peso che esse hanno sul bambino, l'adulto gli dice in pratica: «Non ti dò fiducia», e glielo conferma di continuo con i propri interventi. Non sa ascoltare i bisogni momento per momento, non vuole farlo, preso com'è dalle proprie ansie: troppo faticoso interpretare a ogni istante il linguaggio emotivo d'un bambino che è lì, adorante ma esigente, che vuole solo prendere.

Un egocentrismo transitorio

Eppure è questo il suo tempo: tutto e subito nella protezione totale che gli è indispensabile, in un *egocentrismo* del tutto transitorio come tanti altri aspetti della vita infantile, e che va capito, non represso. Il suo egocentrismo contiene anzi una lezione per noi: egli non può andare verso gli altri se prima non costruisce se stesso, se non prende per sé.

Già dopo i primi 18-20 mesi il bambino comincia ad aprirsi alla realtà con l'aiuto dei suoi sensi così vigili, spugne assorbenti che captano ogni odore, contatto, suono, sapore o movimento e ne fanno carne, per così dire, elemento di conoscenza. È un lavoro immane di collegamenti, di percorsi del suo sistema nervoso che si attua grazie alla continuità, alla ripetitività delle esperienze (tutti i giorni la delizia del bagno, tante volte quel viso e quella voce sopra di lui) fino a diventare il fertile terreno dell'affettività, dell'incontro.

Ma a volte ci è difficile andargli dietro fin dalle sue prime richieste, e dopo tutto diventa più complicato! L'irritazione profonda verso un lattante 'incomprensibile' e assurdo che di colpo schiavizza la nostra vita, la paura di non eseguire a puntino i dettami del pediatra e di fare del male al bambino (o è questo che il nostro inconscio vorrebbe?), l'incapacità di vivere quest'atmosfera regressiva fatta di latte, di saliva, di seno, di bocca, di cacca, di fragilità, di carezze: tutto questo mette un'angoscia, una voglia di piangere, ci rinvia a un'infanzia dimenticata e alla consapevolezza di essere ormai, senza rimedio, diventati adulti.
Ecco, a tratti neghiamo tutto questo, non vogliamo saperlo, e lo esprimiamo con la rabbia verso il bambino, spesso vissuto come 'ospite indesiderato'. È lui che ci divide dal nostro compagno, portandoci in una dimensione di piacere e sofferenza così arcaici e primitivi da sembrare inaccettabili a noi, i super-naturali; a noi che, al di sopra della natura, ci siamo costruiti tante belle difese negandola e negandoci perfino la realtà delle carezze, degli sguardi, del nostro corpo segmentato (questa parte è buona e bella, l'altra no) e ignorato. Come riusciremo ad amare questo bambino, se non rendendoci consapevoli che amore significa piacere nel concepirlo, nell'attenderlo, nel partorirlo, nel toccarlo, cioè amore per il nostro stesso corpo che fa tutte queste cose? Come riusciremo ad amare nostro figlio se siamo nascosti a noi stessi e a quelli cui siamo più vicini, mascherati in ruoli e in atteggiamenti che ben presto egli metterà in contraddizione?

Una riflessione stimolante

Riflettere a fondo sul bambino piccolo è molto stimolante, perché è un riprendere contatto con l'inizio della nostra stessa vita, riconoscendovi quel nostro Io che cerca pazientemente la causa dei suoi piccoli fastidi e dei suoi grandi pianti. Del resto, chi ha la fortuna di avere un figlio neonato o lattante può, incuriosito, scoprirne forse nuovi messaggi insospettati; chi invece lo ha già grande, pur nel rimpianto di tempi perduti, può valorizzare al massimo il presente che è sempre preziosissimo: tanto, tanto può essere ripreso da capo e ricostruito! Poiché l'essere umano non finisce mai di crescere e di evolversi e ogni età è splendida di per sé, ricca di scoperte possibili e di legami nuovi. Forse il nostro errore è di vedere il legame con gli altri, figli inclusi, come soluzione ai nostri sgomenti più profondi.

«Ognuno sta solo sul cuore della terra / trafitto da un raggio di sole, / ed è subito sera» dice Salvatore Quasimodo, ma prima che venga sera c'è un lungo cammino a più voci non nella conquista dell'altro, ma nel piacere di dare vita attorno a noi, avendo generato (e si può generare in molti modi!) figli, maturi perché liberi da noi, tanto amati come persone da godere delle loro scelte diverse dalle nostre e del loro destino che non ci appartiene.

Proteggere la sensibilità

Il cammino che i genitori intraprendono generando un figlio è lungo, e diventa tanto più difficoltoso quanto meno sono chiari a entrambi certi punti-chiave da percorrere insieme con quella duttilità intelligente che permette di adeguarsi a una realtà in continuo mutamento: il figlio che cresce, la relazione a tre.
Il bambino che nasce è un essere estremamente ricettivo. Sappiamo quanto sia elevata la sua sensibilità a taluni stimoli: odori, rumori, luci violente, movimenti bruschi, modi inconsueti di essere toccato o trasportato. Piccolissimo, di poche settimane, si accorge se la madre lo lascia e manifesta l'angoscia di questa perdita con un lento, progressivo deperimento. Preferisce ammalarsi, piuttosto che stare senza di lei, anche se fino a 3 mesi non la percepisce nemmeno come persona intera. Il legame con la madre esiste già, e per lui è tutto.

Dunque non è una bambola, ma *persona fin dalla nascita*. La sua sensibilità via via si evolve manifestandosi in modi così diversi nel corso dell'infanzia e dell'adolescenza, che rischiamo di perderla di vista. Eppure è uno dei 'tesori' da preservare con maggior cura. Il rispetto da parte dell'ambiente della sua sensibilità momento per momento mette il bambino in condizione di acquisire quella sicurezza di base che rafforzerà la sua capacità di superare le situazioni problematiche.

Evitare l'autoritarismo

L'autoritarismo vecchia maniera che fa di ogni bambino «un imputato», come afferma Henry Roorda, è la negazione della sensibilità, è aggressione continua e massificata basata sul principio che 'la vita è dura' e che bisogna cominciare molto presto a farlo capire ai bambini.
Un esempio allucinante di clima autoritario originato nella famiglia e nel gruppo sociale è nel film di Peter Fleischmann *Scene di caccia in Bassa Baviera*, dove la repressione, il pregiudizio, l'ottundimento per la sensibilità individuale arrivano a generare linciaggio morale, persecuzione, assassinio: tendenze sempre latenti nelle micro e nelle macrosocietà, pronte a esplodere quando razzismo, sessismo, contrasti religiosi o ideologie politiche, caratterizzati da feroce intolleranza, ne offrono il pretesto 'razionale'.

In una trasmissione televisiva (primavera 1979) Ingmar Bergman denunciava i pesanti 'rituali dell'umiliazione' di cui è intrisa la società e di cui i bambini sono le vittime più usuali: ricordava fra l'altro la gonna rossa che gli mettevano da piccolo perché si bagnava addosso.
Ma chi non ha da elencare esempi tratti dalla propria vita, assalti ripetuti all'integrità dell'individuo e al rispetto di sé come persona? Il castigo, l'ironia, il sentir raccontare a tutti un fatto umiliante o pauroso che lo ha toccato, l'enumerare di continuo i suoi cosiddetti difetti a confronto con i pregi di altri, coetanei o fratelli, sono pratiche così comuni che nemmeno ci si accorge più se feriscono il bambino.

Quanto alla loro pretesa utilità pedagogica c'è ben poco da dire! Un atteggiamento oggi assai frequente è quello del volerlo convincere con il 'ragionamento', che è spesso una forma edulcorata di aggressione verbale, dato che il bambino non è ad armi pari con l'adulto, e per linguaggio e per logica! Oppure c'è l'ingiunzione capricciosa e casuale: «Guai a te...» cui non segue alcun intervento, scaturita dalla paura di 'brutte figure' davanti a terzi o dal contrasto fra gli adulti. Sono tutti attacchi molto pesanti che generano nel bambino penosa incertezza. Il genitore che picchia ingiustamente è per lo meno un nemico palese, un obiettivo scoperto da odiare; mentre l'adulto che ricatta con minacce e promesse, che plagia con... buona educazione e dolci parole, che vuole controllare ogni attimo della vita infantile o al contrario la ignora (quasi non parla al bambino, non ha mai tempo per lui pur coprendolo di doni), è un idolo inafferrabile, d'una aggressività tanto più distruttiva e minacciosa in quanto mascherata. Si leggano in merito i libri di Alice Miller, in particolare *La persecuzione del bambino* (Bollati Boringhieri, Torino), per capire la portata dei nostri interventi.

Il bisogno di continuità e di calma

Il bambino ha bisogno di rapporti costanti, privi di ambiguità e di incoerenza: spesso si scambia per equilibrio o per obbedienza matura un suo disperato bisogno di aderire alle richieste dell'adulto, di adeguarsi al modello inconscio che i genitori hanno di lui (un 'bravo bambino ragionevole') pur di averli con sé, dalla sua parte.
Allo stesso modo l'opposizione e il capriccio continuo, determinati da incoerenti richieste famigliari, come pure i litigi tra fratelli, hanno spesso lo scopo di tenere agganciata l'attenzione degli adulti. Tutti sforzi difensivi in cui la sensibilità del bambino si disperde o si acuisce in canali malati che prolungano artificiosamente l'egocentrismo della prima età, che diventa strumento di potere del piccolo sui grandi.
Altrettanto illusorio (le esperienze famigliari e sociali di questi ultimi decenni lo hanno dimostrato) è credere che il bambino possa svilupparsi solidamente senza un appoggio chiaro, sen-

za un binario iniziale sul quale mettersi in cammino. Non è chiaro a tutti, per esempio, che l'autoritarismo, cioè un modo brutale o soffocante di esercitare il potere su altri, frenando la vitalità naturale, porta con sé una pesante repressione vitale e sessuale. La storia di Schreber in *La famiglia che uccide* di M. Schatzman (Feltrinelli, Milano) ne è un drammatico esempio. Rinunciare però alle forme esteriori dell'autoritarismo non significa ancora aver capito il senso profondo della sessualità umana, oggi ridotta a sinonimo di coito o di pornografia. Nella confusione delle scelte gli adulti, per non essere autoritari, cadono nell'eccesso opposto di non voler essere 'autorevoli', di non riconoscersi bussola, punto di riferimento, come di fatto sono, per il figlio o per l'allievo. Ma anche questo precoce eccesso di potenza che i giovanissimi si ritrovano fra le mani è lesivo del loro futuro equilibrio, sessualità inclusa. La via d'uscita sta nel rinunciare, come dice Luigi Pagliarani, al 'ruolo autoritario' ma non all''autorità del ruolo', cioè all'impegno di essere *guida responsabile* di nuovi individui, a lungo totalmente dipendenti da noi.

Il bambino sente l'incertezza dell'adulto

Ed ecco invece che, in nome di inconsistenti mode educative, si mette il bambino in situazioni di contraddizione o di ovattato abbandono. Egli sente l'incertezza dell'adulto, il suo timore di dire con chiarezza: «Sì» e: «No», «È così», «Si fa in questo modo», e questo devia la sua sensibilità, la carica di tensione. Volta a volta gli si dirà: «Puoi scarabocchiare dappertutto... guai se scrivi sui libri di papà. Vieni a letto con mamma,» per non farlo piangere, «però quando torna papà resti nel tuo lettino». «Ogni giorno ci vuole un giocattolo nuovo per farlo 'star buono'... Passa ore davanti alla televisione...» Tante contraddizioni lo possono aiutare?

Guidare senza dirigere

È invalso anche l'uso di mettere di continuo il bambino fin dal primo anno di fronte a scelte verbalizzate, mentre non gli è consentita la scelta di essere attivo: «Che cosa vuoi mangiare?... Vuoi andare a spasso o restare qui?...» Le madri si lamentano che i figli sono capricciosi e incoerenti, ma come può un bambino di 2-3 anni scegliere verbalmente quando la realtà è ancora così confusa per lui ed egli è attratto dalle cose che ha sottomano per i loro colori, odori, sapori, ignorando il prima e il dopo? Teniamo conto delle sue preferenze a tavola o nel vestiario, ma quando è così piccolo scegliamo noi per lui o scegliamo insieme, perché questo gli darà più sicurezza e gli consentirà di sperimentare la fermezza calma e sorridente dell'adulto come un porto sicuro contro le sue stesse angosce.

«Il Signore è il mio pastore: nulla mi manca...» dice il *XXIII Salmo di David* che canta, con parole di grande bellezza, il tempo della protezione perfetta, il riposo dell'anima in un Dio materno che a tutto provvede: «Anche se camminassi nella valle dell'ombra della morte, non avrei alcuna paura perché Tu sei con me...»
Sono immagini poetiche che esprimono altrettanto bene l'esigenza basilare del piccolo bambino: essere al sicuro, cioè avere vicino, con regolarità, le persone che ama. Questo bisogno soverchia tutti gli altri e contrasta con le anticipazioni razionali, come le spiegazioni che suonano incomprensibili al bambino molto piccolo.

Dopo, le cose cambiano

Il bambino scopre via via di poter aspettare, poter rinviare la soddisfazione del desiderio; scopre che 'diventare grandi' significa saper affrontare le difficoltà reali senza esserne travolti; possiede il linguaggio e capisce ogni giorno di più di essere in grado di decidere cose che lo riguardano. Diverso sarà dunque l'atteggiamento degli adulti.

A 12 o a 15 anni sarebbe assurdo che fosse ancora la madre a scegliere per lui l'abito da indossare ogni mattina o a ricordargli che 'deve' fare i compiti (in realtà succede e di continuo!) L'intervento diventa pesante ingerenza, prova evidente della nostra incapacità di crescere e di cambiare con i figli. Finiamo per considerare le situazioni con il... cannocchiale rovesciato, come se i figli fossero sempre piccolissimi e incapaci di sapere che cosa fare.

Altro esempio: un bambino di 6 o 10 anni non può essere in grado di scegliere quale scuola frequentare, mentre deve poterlo fare il ragazzo di 14 o di 18 anni, riconoscendogli il diritto di cambiare idea, sostenendolo nei suoi tentativi, senza scoraggiarlo a priori. Dobbiamo stare attenti a non scaricare sui figli responsabilità che sono solo nostre. È chiaro che non è facile *guidare senza dirigere*, farsi parafulmini delle loro sconfitte, ma aiutarli a esaminarle obiettivamente per superarle.
A 2-3 anni consoleremo il piccolo in lacrime che ha rotto un piatto, ma continueremo a dargli stoviglie fragili perché controlli da sé senza prediche i propri movimenti e gli insegneremo anche a portare il piatto con due mani!
A 10 anni ascolteremo le sue proteste per il litigio con l'amico, lo incoraggeremo a riappacificarsi, ma non ci offriremo di metter pace in sua vece.

Proteggendo le reazioni emotive del bambino non dovremo però lasciarcene sopraffare: il nostro contributo come adulti sarà quello di aiutarlo a capire quale può essere la realtà dei fatti, con poche semplici parole quando è piccolo, con una verbalizzazione più complessa e comunque con la nostra affettuosa presenza quando è più grande. La realtà ha infatti molte facce, almeno quante sono le persone coinvolte, e questo va presentato al bambino non con lunghi discorsi, ma mettendolo davanti a fatti che egli stesso possa constatare.

In ogni caso, la parola non deve essere usata come pretesto per nascondere, per mascherare il substrato affettivo ed emotivo che esiste in ogni situazione e che è il tessuto connettivo di ogni relazione umana.

L'errore come strumento personale di crescita

La nostra società è malata di scolasticismo, e così il nostro vivere quotidiano. Uno dei segnali più evidenti di questo è la *paura dell'errore*, che è la paura antica della mamma che ci sgrida perché abbiamo fatto un 'pasticcio' o del maestro che ci minaccia e ci castiga con il 'brutto voto'. L'aspetto punitivo di questi personaggi segna in profondità l'inconscio infantile e persiste nell'età adulta frenando ulteriormente la già scarsa autonomia interiore: così l'adulto non si libera più di questa soggezione di fondo e fugge dalle responsabilità. «Io non c'entro... Io non ho colpa... Me l'ha detto lui...», esattamente come quando da piccolo diceva: «Non sono stato io!»
Questo atteggiamento è aggravato dal fatto, come sostiene Francesco Alberoni, che «tutta la cultura contemporanea ha deresponsabilizzato l'individuo. Gli ha spiegato che i suoi atti dipendono dall'inconscio, dal super-Io, oppure dalla condizione economica... Qualcun altro è sempre responsabile di ciò che siamo, al limite ne è responsabile la società, il sistema. Vivere nella società significa allora attribuire la responsabilità a qualcun altro...»

La fuga dai sensi di colpa

Una radice lontana di questo fenomeno è nella fuga da insostenibili sensi di colpa che, alimentati da un'educazione rigida e patriarcale, un tempo si scaricavano nella confessione religiosa o nel manicheismo ottocentesco (alla De Amicis, per intenderci). Ma i grandi rivolgimenti ideologici (Freud, Marx) e le guerre mondiali hanno indicato altre vie (negazione di antichi valori, permissività), peraltro non risolutive.
Una, proposta da Montessori e sottovalutata, è quella di allenarsi fin da piccoli a riconoscere l'errore come possibile e a controllarlo. Se il bambino correndo distratto batte la testa contro l'armadio, la responsabilità è sua, non dell'armadio. Sbagliano di grosso quegli adulti che per consolare il bambino dicono: «Cattivo l'armadio che ti ha fatto male!» Questo messaggio, soprattutto se abituale, lo fa crescere nell'idea

che lo sbaglio sia comunque al di fuori di noi e senza responsabilità.
Intervento che sembrerebbe meno violento dell'altro che dice: «Ah, ti sei fatto male? E io ti dò pure uno sculaccione perché non stai mai fermo!» Nel primo caso generiamo confusione, nel secondo manifestiamo una reazione di rabbia e di aggressività: malgrado tutto, questa forse è meno dannosa! Possiamo, talvolta, prendercela con l'armadio, come scherzoso diversivo. Ma attenti a non esagerare perché il gioco non diventi ironia, divertimento alle spalle del bambino o sfugga comunque alla sua reale comprensione, soprattutto se è piccolo.

La *paura dell'errore* è comunque alla base di entrambi questi interventi: è una paura che nasce da arcaiche esperienze di vita, legata al fatto che fin dai primi mesi non *l'errore in sé* è oggetto di valutazione come sarebbe opportuno, ma *l'intera persona* viene umiliata.
Inoltre c'è l'abitudine al giudizio, spesso pesante, continuo, che mette l'accento sull'errore: vuoi succhiare fuori orario? Sei un capriccioso. Ti sei fatto la pipì addosso? Sei uno sporcaccione. Hai rovesciato l'acqua in terra? Sei un pasticcione. Hai sbagliato il problema? Sei uno scemo. Hai preso la penna del tuo compagno di banco? Sei un ladro. Ma che sappiamo noi delle motivazioni che sono dietro le reazioni oppositive o gli sbagli, e come ci permettiamo di etichettare con pesanti moralismi un comportamento che può essere del tutto transitorio? Il tono definitivo e insultante che l'adulto usa verso il bambino lascia segni graffianti e cicatrici profonde, mentre per guidare senza dirigere occorre un rapporto amichevole con l'errore. Significa che deve essere la persona a farne uso come strumento di verifica, ciascuno per sé, per sbagliare meno la prossima volta e assumersene in pieno la responsabilità! Nessuno può farlo al posto d'un altro, e anche se ci sono aiuti indiretti per prevenirlo, il margine d'errore esiste sempre.
Il lattante che chiede il seno fuori orario forse cerca un contatto o ha fame perché ha succhiato poco: lasciarlo piangere a ogni costo lo confonde, lo fa soffrire a vuoto. Offriamogli almeno la nostra presenza rassicurante.

L'indipendenza fa crescere il bambino

L'acqua versata si asciuga, ma forse nessuno ha suggerito a questo piccino di portare la brocca con due mani e di camminare adagio. Il problema si ripete; ma chiediamoci anche che tipo d'insegnamento riceve questo bambino: astratto o sperimentale? È davvero un suo limite non capire i problemi, o l'aritmetica potrebbe essergli insegnata in modo diverso?
Le mutandine si cambiano e può farlo lui stesso, così come asciugare da terra il bagnato, non per punizione ma con allegria, perché l'indipendenza lo faccia crescere e lo stimoli indirettamente ad abbandonare modalità infantili come orinarsi addosso.

E la penna del compagno? «Controlla tu stesso se per sbaglio non ci siano cose di altri nel tuo astuccio...» La fiducia è sempre il sentimento più tranquillizzante: a poco a poco fa scaturire, grazie a interventi ben dosati da parte dell'adulto, l'autocontrollo dei propri errori e la responsabilità di eliminarli.
Del resto, ciascuno può verificare; solo se si prende coscienza degli sbagli può nascere la voglia di modificarli: anche se in parte si è vittime di catene di errori esterni a noi, pure la parte di responsabilità diretta resta nostra.
Occorre vivere in prima persona ciò che si fa per esercitare sia l'azione, sia la verifica, sia, infine, il cambiamento. Nessuno vuole identificarsi con i propri errori anche se indubbiamente sono parte di se stessi. Non siamo *soltanto* errori!

È interessante osservare come nella pratica di metodi non tradizionali l'errore sia stato demistificato, dando ai bambini, e non più solo agli adulti, i mezzi di controllo.
Per esempio, nelle scuole Montessori moltissimi materiali permettono ai bambini dei primi anni di verificare da soli il risultato senza intervento di un adulto. Così, aspetti interessanti delle 'tecniche Freinet' (Freinet era un maestro francese che promosse un movimento innovatore all'interno della scuola: l'alunno, da passivo ricettore, diventa attivo ricercatore, e l'educatore, da colui che trasmette, diviene colui che ascolta. Il

pensiero e la pratica di Freinet giunsero in Italia nel secondo dopoguerra) sono la verifica collettiva dei testi liberi o gli schedari autocorrettivi per il calcolo e per la scrittura.

Sono modalità che fin dai primi anni liberano il bambino da un continuo controllo da parte dell'adulto, ma che scandalizzano il maestro tradizionale: «Se può vedere da sé il risultato, di sicuro lo va a copiare». Questa può essere una reazione indotta dal clima repressivo e dalla noia: quando c'è l'interesse per l'attività, e questa è liberamente scelta, il bambino lavora per il piacere di lavorare e l'imbroglio, modalità corrente del nostro vivere sociale, non gli dà nessun gusto, non gli viene nemmeno in mente. Quello che invece lo gratifica, che gli dà grande sicurezza, è proprio il controllo *autonomo* dell'errore eventuale.
Basterebbe che prassi del genere fossero diffuse ad ampio raggio nella scuola per cambiarne radicalmente il clima tuttora autoritario e antidemocratico, e preservare nel modo migliore la sensibilità dei bambini e dei ragazzi e la fiducia tra adulti (insegnanti, genitori) e bambini.

Verso l'autonomia

Un gruppo di puericultrici dell'IPI (Istituto Provinciale Infanzia) di Varese, con cui ho consuetudini di lavoro e di amicizia, mi chiese anni addietro di rivedere insieme le attività proponibili a bambini da 0 a 6 anni. Ne nacquero incontri stimolanti per tutti, e lo Schema sull'autonomia della persona, illustrato nelle pagine successive.

Partendo dall'idea che ogni proposta non può che sorgere dall'osservazione diretta dei bambini, cercai di rappresentare graficamente gli aspetti più significativi dello sviluppo infantile, tenendo presenti sia la globalità e l'innegabile unicità dell'essere umano, sia il complesso circolare delle sue esperienze.

Osservando di continuo bambini, ragazzi e adolescenti, appare chiaro come l'individuo in via di formazione sia tutto teso al raggiungimento dell'*autonomia*, la cui pienezza dovrebbe essere caratteristica specifica dell'età adulta.

Dico 'dovrebbe' perché in realtà troppi adulti risultano tutt'altro che autonomi. Possono essere in grado di realizzare la continuità della specie attraverso la genitalità, ma lo faranno in modo sano solo se la loro infanzia e la loro giovinezza sono state vissute in serenità di rapporti e nel riconoscimento, da parte dell'ambiente, di questa costante ricerca di autonomia.

E poiché il bambino è legato dalle leggi fisiologiche della lenta maturazione infantile a tempi lunghi, a passività apparente, a incredibile capacità di adattamento e di trasformazione, la responsabilità maggiore di tale progresso, che dall'individuale sfocia nel sociale, è degli adulti: siano essi gli educatori diretti del bambino, genitori o maestri, siano i cittadini in generale che con le loro scelte (o non scelte) pregiudicano in modo massiccio lo sviluppo infantile di milioni di bambini.

Le potenzialità creative dell'individuo, le sue capacità, maggiori o minori che siano, si esplicano *solo* se l'ambiente in cui quotidianamente vive lo consente: l'ambiente-genitori, l'ambiente-casa, l'ambiente-nido-scuola infantile-elementare-media-eccetera, l'ambiente collettività-paese-città.

Chi non produce è oggetto di esclusione

Non possiamo continuare a colpevolizzarci come genitori senza tener conto che intorno al nucleo famigliare, come in un gioco di cerchi concentrici che si intersecano fra loro, c'è una realtà spietata dove l'avere, il consumare, il possedere conta più dell'essere (Fromm); dove i bambini, i vecchi, i non produttivi sono oggetto di separazione e di esclusione, e vengono vissuti dagli altri come incapaci, quelli cui non si riconoscono abilità, autonomia, emozioni solo perché mostrano un bisogno concreto di protezione e di aiuto.

Lo spreco colossale che si fa delle potenzialità infantili e delle riserve di esperienza degli anziani dovrebbe farci riflettere, e uno dei nodi centrali è proprio l'opposizione sistematica alle richieste d'indipendenza. Se non le ascoltiamo, è facile che l'individuo, nelle fasi più fragili della vita, esiga eccesso di protezione solo perché non ha mai osato fare o perché non gli è mai stato consentito di mettersi alla prova fino in fondo. Per esempio, la situazione degli anziani soli è molto più tragica per gli uomini che per le donne, non abituati, come sono, a lavorare con le mani e a cavarsela nelle piccole ma indispensabili attività domestiche.

Dipendenza e indipendenza

La crescita di un bambino è un progressivo mettere spazio tra sé e l'adulto: dalla dipendenza neonatale (che esige dedizione esclusiva e costante da parte degli adulti) il bambino, un passo dopo l'altro, cerca una graduale non-dipendenza grazie alla quale imparerà a destreggiarsi da solo, fino a raggiungere la capacità di adattarsi al vivere esterno senza più protezione alcuna.

Per arrivare a questo il bambino deve poter vivere in pienezza la dipendenza iniziale e gradualmente imparare a farne a meno, autoregolandosi. L'esercizio dell'indipendenza comincia dunque prestissimo, *alla nascita*, nel senso che il bambino sa benissimo da sé, senza imposizioni di orario, quando e quanto succhiare, quando e quanto dormire e così via. Un orario libero ma non disordinato è certamente realizzabile.
Si seguono i ritmi digestivi del neonato, ma non si diminuiscono gli intervalli tra le poppate sotto le 2 ore e mezzo (salvo immaturità), né si usa il seno, il cibo per tacitare ogni pianto. Tale criterio valorizza le capacità autoregolative del neonato, e questo cercare fin dalla nascita di interpretarle diventa per i genitori e per gli adulti in generale la migliore delle palestre d'osservazione. Dall'autoregolazione il bambino passa molto presto al voler prendere da sé, portare alla bocca, spostare gli oggetti, eccetera. Basta seguirlo giorno per giorno e offrirgli le occasioni senza spingere né tanto meno anticipare: «Càvatela da solo!» non deve significare abbandono. Solo così il bisogno di indipendenza sarà facilmente soddisfatto.

Non ci si deve sostituire al bambino...

Proprio qui nascono i conflitti più pesanti: «Ma che cosa vuoi saper fare tu!» Ricordo un piccolino di 8 mesi che, seduto sul suo seggiolino davanti al tavolo, aveva una reazione significativa: se gli si offriva un biscotto o un pezzo di pane, lo prendeva, lo posava davanti a sé, lo riprendeva e finalmente lo portava alla bocca. Se invece il cibo gli veniva subito posto davanti e poteva prenderlo da sé, questa sorta di rituale non avveniva.
«Te lo faccio io perché sei piccolo.» Oggi gli si impedisce di sfilarsi le scarpe, domani di mangiare da solo, dopodomani di giocare a modo suo e così via. La patologia nello sviluppo sociale, l'incapacità di stare con altri, ha una radice evidente nell'errore più comune degli adulti: la *sostituzione*, significativo termine montessoriano! Ne consegue che il contatto positivo con altre persone e con le cose è offuscato da un sentimento d'impotenza, d'incapacità. «Non lo so fare... Non so saltare... Non sono capace... Fammelo tu... Mi sporco...»

Schema sull'autonomia della persona

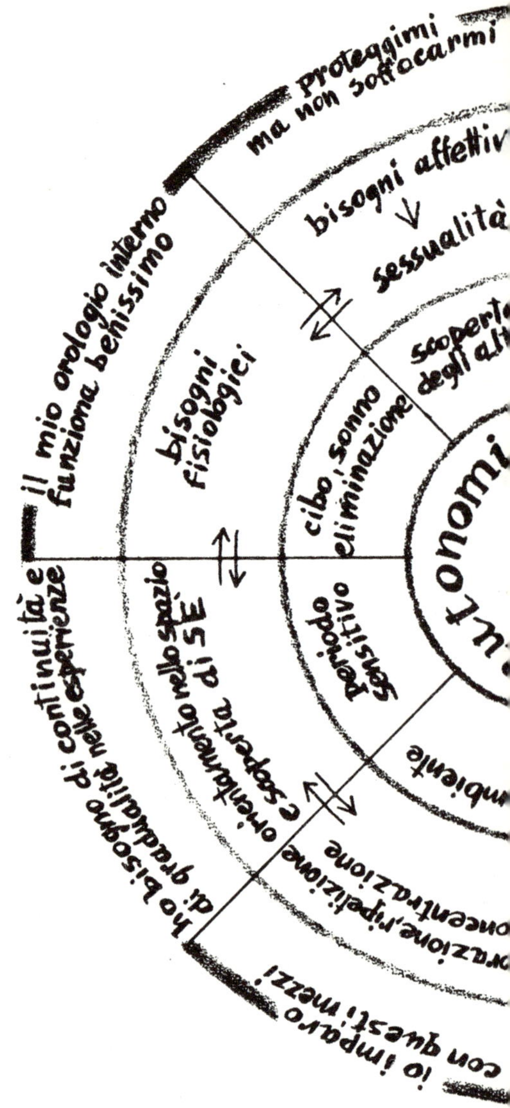

aiutami a fare da solo
ttività della MANO
se ti sostituisci a me non cresco
riodo sensitivo del movimento
movimenti del CORPO
lla Perso
Periodo sensitivo del linguaggio
assorbimento, produzione del LINGUAGGIO
ho bisogno di ascoltare e di dialogare
confronta concet
sviluppo de SENSI
solo se faccio capisco

Schema sull'autonomia della persona

Lo Schema, illustrato nelle due pagine precedenti, rappresenta la complessità delle esperienze e lo sforzo costante, spesso inconscio, che la persona umana compie per conquistare la propria autonomia.

Nella fascia esterna di ogni settore sono riassunte le richieste non verbali che l'individuo avanza fin dalla nascita nei mille modi diversi in cui si esprime.

Il cammino verso l'autonomia comincia con le richieste di autoregolazione nel cibo e nel sonno e procede, fin dalla nascita, con estrema gradualità sulla spinta dei periodi sensitivi che si susseguono.

I periodi sensitivi, relativi soprattutto a movimento, linguaggio e orientamento, sono tempi di sensibilità e di capacità di assorbimento così vivaci da facilitare al massimo, se l'ambiente aiuta, l'acquisto di abilità corporee, la comunicazione verbale, la consapevolezza di sé e degli altri.

Questi periodi si esauriscono entro i primi 3, 4 anni, anche se l'individuo li ha utilizzati poco e male, e cedono il posto ai poteri della ragione e della memoria cosciente.

I vari aspetti dello sviluppo (bisogni, periodi sensitivi, sensorialità, modi dell'imparare) sono in stretta relazione tra loro, in una circolarità di scambi che conferma l'unione alla pari tra corpo e psiche.

Ogni separazione, ogni privilegio assegnato all'uno o all'altra sono arbitrari, poiché l'uomo è individuo biopsichico con sue caratteristiche inconfondibili, uniche.

Rispettarle significa salvare la creatività umana.

Il bambino allora rinuncia ad agire perché ha paura dell'errore: le sue mani mai messe alla prova, i rimproveri dell'adulto o semplicemente i troppi: «Ti aiuto io» ottundono il suo sviluppo motorio e mentale, squilibrano il rapporto positivo tra idea e azione, danno al bambino la sensazione di essere un prolungamento dei genitori o un robot che può agire solo quando l'adulto acconsente o ha la testa girata dall'altra parte. Tutto ciò in seguito diventerà: «Non so pensare... Non so decidere».

...ma neanche abbandonarlo troppo presto

A volte il far da sé viene deciso troppo presto e diventa abbandono: a 5-6 mesi si sistema il poppatoio su un cuscino perché succhi da solo, a 3-4 anni rimane all'asilo fino a sera, a 7-8 anni viene lasciato solo in casa.
Il bambino non fa in tempo a sperimentare, in un clima protetto, il distacco *attivo*, che gli consentirebbe di rafforzarsi nelle sue sicurezze, che subito è esposto a mille contraddizioni.
Quello stesso bambino che deve succhiare da sé alla bottiglia, tanto non protesta; viene poi imboccato fino ai 3-4 anni se non oltre, per fare più presto o perché non sporchi.
Quell'altro, che ha sempre 'dovuto' giocare, e giocare da solo, per non infastidire gli adulti, viene poi tenuto di continuo sotto controllo per i compiti, a partire dai 6 anni.

I danni dell'aiuto inutile

Tutti attacchi ossessivi all'indipendenza; perfino sul piano del gioco le contraddizioni non mancano: lo lasciamo giocare in pace... chiudendolo nel suo recinto, ma non altrettanto se va toccando, spostando, rovesciando. Subito proibiamo e puniamo, come se il far disastri fosse intenzionale (ma alla lunga lo diventerà, come meccanismo di lotta!)
Viceversa, vuotare e riempire, lanciare e riprendere gli servono per capire, tramite la ripetizione del gesto, il meccanismo stesso dell'azione. Possiamo chiudere a chiave le 'porcellane di riguardo', ma diamogli un *suo* sportello con barattoli e pentolini o altri oggetti da cambiare via via.

Egli vuole *capire* l'esito delle proprie azioni, non ha interesse a distruggere. Ma se questa, a casa come a scuola, è la sua modalità costante di comportamento, è chiaro: ci troviamo di fronte a una reazione oppositiva, assai compromessa, che solo una lenta azione indiretta riuscirà a smussare.
E così il lavarsi: ci diverte che impari a sciacquettare nel bagno e che cerchi a suo modo di lavarsi le mani, ma dopo che ha 'giocato' un bel po', gli diciamo: «Adesso basta: ora ti lavo io». Con un colpo di spugna e uno strofinìo energico cancelliamo tutto lo sforzo del bambino. Così a 4-5 anni si lava ancora le mani fregandole l'una contro l'altra, e per asciugarsi si limita a stringere tra le dita un asciugamano.

«Come si fa?»

Ma chiediamoci: non sa fare bene le cose perché è piccolo o perché nessuno si è curato di fargli vedere con pazienza 'come si fa'?
Se lo scopo primario è la pulizia e non l'indipendenza, ci assicuriamo la prima anche a danno della seconda, mentre il tutto potrebbe essere rovesciato: l'*indipendenza* e il piacere di agire quali molle dello sviluppo e quindi strumenti di acquisizione delle abitudini igieniche, come d'ogni altra azione che lo riguardi.

Dunque, non si tratta di attuare forme di educazione sanitaria, intellettuale, morale realizzate ciascuna con appositi interventi pedagogici per ottenere un bambino ben sviluppato nel corpo e nell'anima (parola che oggi si usa in sordina, ma che si continua a sottintendere nel consueto dualismo mentale in contrapposizione al termine 'corpo'!) Occorre invece ritrovare un'unità e una coerenza d'interventi che corrispondono alla globalità dell'esperienza infantile.

La lotta tra adulto e bambino

Non c'è dubbio che lo strumento primario del lavoro con i bambini e con i ragazzi sia l'adulto. Non si riflette mai abbastanza sul fatto che le difficoltà del rapporto tra grandi e piccoli, che così facilmente degenera in *'lotta tra adulto e bambino'* (per usare un'espressione di Maria Montessori), provengono da fattori diversi. Per esempio, pesano sulle strutture mentali di noi adulti antiche catene di errori, vecchie concezioni, assorbite nel corso della nostra infanzia, che riemergono attraverso pregiudizi, paure, atteggiamenti. Si pensi al puritanesimo vittoriano di marca protestante o al moralismo ottocentesco di matrice cattolica che hanno inibito le ultime 4-5 generazioni: sarà facile rendersi conto quanto in noi esista ancora di angusti e spaventati modi di sentire che nulla hanno a che fare, per esempio, con l'ideale cristiano più autentico della fiducia negli uomini o con la libertà di pensiero sostenuta dagli studiosi laici. Questi sono principi che accettiamo sul piano razionale, ma che non riusciamo a realizzare sempre con i bambini.

Difficoltà dalla scuola...

Indubbiamente molte difficoltà ci vengono dalla scuola che abbiamo frequentato, da sempre veicolo conformista e statico delle idee meno progressiste, né è riuscito il Sessantotto degli studenti, dai *campus* americani a Parigi e di contraccolpo anche in Italia, a incrinare, sia pure debolmente, il solido edificio dell'autoritarismo istituzionale.

...e dalla storia personale

Ma le difficoltà provengono ancora dalla storia personale di ciascuno: dall'incapacità di essere veramente adulti, cioè intimamente autonomi, per non aver superato il conflitto d'autorità. Ciascuno di noi si porta dentro questi problemi fin dal rapporto primario con i genitori, attraverso il mare incerto di un'infanzia prolungata artificiosamente dalle paure dei grandi e gli scogli burrascosi di un'adolescenza vissuta dagli adulti come insubordinazione gratuita, come crisi passeggera e perfino come inaccettabile affermazione di sé, e non come diritto sacrosanto alla rottura degli idoli parentali per una nuova nascita.

Il 'neonato sociale', come la Montessori definiva l'adolescente, non sembra ancor oggi avere diritto all'autoaffermazione. Né saranno certo i segni della sua maturità biologica, le trasformazioni del corpo, a mettere sull'avviso genitori che, non avendo mai accettato le capacità autoregolative dei figli, continuano a viverli come infanti anche quando hanno 10-15-20 anni (e a volte anche oltre).

Imparare dagli animali?

Guardiamo un momento agli animali: le amorosissime madri dei felini, dei canidi come dei cavicorni, lasciano i figli liberi nella savana quando sentono che è giunto il tempo e dopo averli preparati a questo. La loro premurosa protezione è insieme un continuo stimolo a osare, ad affilare le armi e i sensi, vero e proprio insegnamento per il tempo della separazione.

In principio non si allontanano mai da loro, poi li lasciano vagare nel branco dove anche altri adulti li proteggono e li stimolano a ulteriori apprendimenti; infine come genitori rompono il legame con i figli e li trattano alla pari, come qualsiasi altro adulto.

Così pure fra gli uccelli: quelli che hanno la prole 'inetta', privi di piume, ciechi, pressoché immobili, simili al neonato umano per fragilità e passività, mostrano una dedizione totale, spesso alternandosi tra maschio e femmina. Ma anche gli altri con prole 'precoce', per esempio la chioccia con il pulcino, subito attivo e capace di trovare da sé il cibo, non risparmiano difesa e calore, e se li tengono sempre vicini. Per gli uni e per gli altri all'interno del nido e sotto i vigili sensi parentali il tempo della protezione è totale (gli adulti danno anche la vita per i loro piccoli), ma è anche tempo di apprendimento per l'attacco e la difesa in vista dell'indipendenza. Appena raggiunto quel livello di maturità per cui i figli possono bastare a se stessi (da che cosa lo capiranno i genitori?), li spingono fuori dallo spazio protetto, li incitano ad andare. E li lasciano soli; protezione e soggezione parentale sono finite per sempre.

Un'infanzia protratta artificiosamente

Per l'essere umano civilizzato questo non avviene con altrettanta chiarezza: la sua infanzia già lunga è protratta artificiosamente nel tempo con i cordoni ombelicali del ricatto affettivo, della sostituzione, dell'iperprotezione.
Eppure gli umani, al pari degli animali, devono conquistare la non-dipendenza per compiere il salto successivo verso l'autonomia che, stando al significato etimologico, è 'capacità di darsi norme, leggi'. Nel romanzo di queste progressive conquiste è scritto il raggiungimento della maturità; ma quanto più esse sono strappate alla famiglia con lotte laceranti, rancori, sensi di colpa, tanto più saranno incerte, ambivalenti nel senso che al fondo il cordone ombelicale esiste sempre: il figlio l'ha strappato per sopravvivere, ma il genitore non ha mai accettato il taglio razionale e sano, che permette a entrambi di uscire dal legame fallo-utero e da ruoli fissi di reciproca dipendenza verso una *relazione paritaria* tra adulti.
Troppi genitori, chiusi in gironi ossessivi, sentono i figli come scopo unico della loro esistenza. Il sentimento angoscioso che la vita corre verso la sua inevitabile conclusione si aggrappa a un amore soffocante: «I miei figli sono tutto per me, io sono tutto per loro» tagliando le ali a ogni iniziativa, a ogni slancio.
E questo comincia alla nascita, con quell'incredibile, commovente esperienza che è avere fra le mani una creatura viva che dipende totalmente da noi e che a poco a poco ci scopre, ci sorride, ci ama, ci accetta in modo totale, acritico, unico.

Il legame corporeo con il figlio

Vi sono adulti che rifiutano il piccolo perché sentono in questo legame, così carnale e sensitivo, una forza che li riporta indietro al confronto continuo con la propria infanzia. Ne fuggono in molti modi, prendono in considerazione il figlio solo quando sembra aver superato quel mondo istintivo e quasi animalesco che è tipico del bambino piccolo. Vivono proiettati nel futuro: «Quando sarà grande...» Il lattante è per loro un

peso, una bambola insignificante; il bambino di 1-2 anni è una bestiolina faticosa e in perpetuo movimento, da addomesticare prima possibile. Quando va alle elementari comincia ad assumere importanza, ma in realtà è valorizzato solo nell'adolescenza.
Altri invece di fronte all'incanto di quegli occhi, di quelle manine, si lasciano soggiogare dalla propria capacità consolatoria per il pianto del piccolo, dalla situazione onnipotente di fronte alla sua fragilità: rinunciano a crescere con il figlio. Restano fissati al periodo neonatale rimpiangendo tutta la vita quella simbiosi esclusiva e illusoria. I primi sorrisi, le prime sillabe: un incanto raro di tenerezza e di totale dipendenza. Mai più saremo, allo stesso modo, tutto per un altro, onnipotenti e responsabili con una risposta totale verso di noi.

La percezione di un legame così profondo e lungamente desiderato, a inconscio completamento di sentimenti di solitudine e di povertà di rapporti, porta spesso a un'ideologizzazione esasperata, a una sterile nostalgia: «Ah, quand'eri piccolo!...»
L'identificazione tra madre e figlio è fortissima, scambio profondo e vitale. Ma da essa bisogna uscire, gradualmente, insieme con il bambino. Crescere con lui significa accettare via via che egli sia un individuo separato da noi, unico tra milioni di umani, teso sul binario dell'indipendenza alla conquista di sé. Significa riconoscere che, a poco a poco, ha sempre meno bisogno delle nostre braccia, della nostra presenza.
Questo legame iniziale, che nasce qualche volta dall'esatta percezione dei bisogni del bambino, ma soprattutto dal desiderio confuso dei genitori di colmare nel neonato certi vuoti affettivi anche di antica data, non va spezzato, ignorato, ma solo trasformato. Con il genitore... futurista o... nostalgico il figlio vive comunque in una tacita, perenne negazione del suo presente, ospite di passaggio in vista di aspettative future o di certezze che non torneranno più. La negazione dei bisogni assolutamente concreti del 'qui e ora' fa del bambino un'appendice scomoda, un... Godot sempre atteso che non si realizzerà mai del tutto, per assenza di radici nel presente.

Il bambino vive calato nell'oggi

Fra queste due situazioni emblematiche e assai frequenti, c'è la solita gamma di comportamenti oscillanti tra passato e futuro. Il bambino vive invece calato totalmente nell'oggi, e il suo bisogno primario è quello di ricevere certezze a ogni istante di vita, alla sua unicità, al suo posto tra il padre e la madre e rispetto ai fratelli, *momento per momento*, senza contraddizioni.
Molte comunicazioni gli giungono attraverso frasi ricorrenti: «Com'eri bravo da piccolo!... Allora sì che contavo per te!... Non mi facevi mai disperare... Dove ti mettevo stavi... Ma perché pretendi di fare sempre cose più grandi di te?...» Oppure: «Quando andrà a scuola mi occuperò di lui: ora ho poco tempo... L'estate prossima ti porterò con me a pescare... Lavoro per te perché domani tu possa avere le comodità che io non ho avuto...»
I messaggi di rifiuto sono chiari: la sua sensibilità ne è profondamente offesa, anche se ora non se ne rende conto. Tuttavia lo manifesta rispondendo con la lotta contro l'adulto per affermare la propria esistenza, e in questo sprecherà le sue energie migliori che dovrebbero andare nel senso dell'espansione personale, anziché doverle usare per ricordare agli altri, spesso con aggressività e con dolore: «Io esisto».

Il linguaggio dei bisogni

Se osserviamo lo schema sull'autonomia della persona, possiamo forse intuire meglio come lo sviluppo del bambino non sia un fatto lineare che parte da un punto e va avanti, ma un fenomeno assai complesso che include gli aspetti affettivi, motori, sensoriali, verbali, l'apparente linearità dei suoi ritmi fisiologici e la temporaneità dei suoi enormi poteri di assorbimento.
Possiamo suddividere i vari 'settori' per capire meglio, ma il bambino resta unità, individuo ricchissimo e insostituibile, complesso nelle sue potenzialità che in lui urgono come le gemme d'una pianta in pieno rigoglio; come vedere chiaramente in tutto questo?

Il neonato a suo modo conosce bene i propri bisogni e li manifesta con quel suo linguaggio corporeo ricchissimo e assai articolato, tipico del primo anno. Ogni giorno compie un passo in avanti verso la conquista di sé attraverso esperienze ripetute e prove instancabili. Quegli occhi, quegli orecchi, non solo sono avidi d'amore per l'immagine della madre, vissuta come buona se lei c'è e come cattiva se assente o distratta, ma sono anche tesi alla scoperta delle cose e delle loro qualità (forme, colori, suoni) in cui occorre lentamente, ma in modo sistematico, fare ordine.

Aiutiamo il bambino a fare da solo

La sua vivida sensorialità è potente strumento primario di penetrazione nella realtà solo per qualche anno. Dall'autoregolazione corporea alla scoperta del Sé; dal bisogno profondo di continuità, di ordine nelle sensazioni, di orientamento nello spazio, all'impulso a toccare, assaggiare con la bocca, con le mani, con il corpo gli oggetti e l'ambiente; dal legame profondo con la madre alla capacità di rinunciare a vederla di continuo, il bambino del primo anno, con mille sfumature diverse, mette le basi alla propria autonomia.

Ma proprio in questo primo anno il rischio di continuare a 'tenersi il figlio dentro' è fortissimo se non si arriva a leggerne i segnali dal doppio significato. Essi dicono, per esempio: «Proteggimi, ma non sostituirti a me... Fa' in modo che ti veda, ma lasciami fare...» e soprattutto: *«Aiutami a fare da solo»* come suggerisce Maria Montessori; questo potrebbe significare non vestirlo o lavarlo o imboccarlo come una bambola fino a età avanzata, ma insegnargli il 'come' per metterlo in condizione di fare da sé: «Nessuno può fare esperienze al mio posto».
Salire e scendere da uno sgabello, lanciare e riprendere un oggetto, ripetere una parola o riempire e vuotare una bottiglia innumerevoli volte, rotolarsi per terra o imparare a cadere e a rialzarsi sono scoperte che egli deve fare in prima persona per crescere, per imparare a muoversi, a parlare, a mettere in relazione fatti, persone, idee, e per essere in grado di girare il mondo senza sofferenze, né impacci.

Solo se faccio capisco

«Solo se faccio capisco.» Le parole dell'adulto gli sono indispensabili per assorbire i suoni della lingua, ma non sono la chiave della sua intelligenza. La chiave è nell'agire da protagonista ogni volta che sia possibile, mentre i grandi si cullano nell'illusoria efficacia del «gliel'ho detto» restando regolarmente delusi (anche perché enorme è la loro incoerenza tra ciò che fanno e ciò che predicano, e il figlio lo sa).

La spinta al fare è innata, come nel gattino che corre dietro a tutto ciò che si muove, come nel cucciolo che esplorando e annusando sperimenta i suoi denti su tutto quello che gli capita. Nell'animale si fissano le abilità della specie; nel bambino esse si moltiplicano, si arricchiscono, e al tempo stesso si stimolano la capacità di osservazione, di astrazione, di ragionamento.

«La mano è l'organo dell'intelligenza», diceva con una bella immagine la Montessori. E le abilità (manuali, corporee o verbali) non sono mai le stesse: questa è la grande differenza rispetto agli animali.

La 'lunga infanzia umana' ha come contropartita l'estrema variabilità delle esperienze e l'incredibile capacità di assorbimento e di adattamento alle situazioni più diverse, su quel tessuto di base che è il corredo ereditario. Il fine ultimo è *per tutti gli umani e sotto tutte le latitudini* l'autonomia della persona, cui concorre appunto la ricchissima adattabilità individuale. Ma è proprio questo straordinario potere che da un lato ci fa vedere il figlio come 'cera molle', per cui ne facciamo ciò che vogliamo mentre dovrebbe essere egli stesso a scrivere la propria storia; dall'altro lato ci spaventa, perché l'incertezza del 'prodotto' educativo è totale, e ci induce a porre limiti, a 'incastonare' nostro figlio nel progetto ideale che per lui e per noi ci siamo fatti.

«Un bravo bambino non fa questo», oppure: «Il mio bambino può fare tutto quello che vuole». Nella nostra confusione, diventiamo violenti e ostacoliamo l'adattabilità del bambino, la sua *creatività primaria*, ovvero la sua capacità di sperimentare e di sperimentarsi. Non crediamo che ne sia capace. Osserviamo, per esempio, come fin dal primo anno usi gli oggetti in modo personale; i primi scarabocchi, pur simili fra loro anche se di bambini diversi, hanno significative differenze, e così le prime parole, le prime frasi, le prime curiosità.

Una chimica raffinata e complessa è questa che nasce dalle potenzialità ancora sconosciute di ciascun bambino e attinge a ciò che è esterno a lui: gli adulti, la casa, l'ambiente, l'epoca storica, le condizioni economiche. Interazioni misteriose, secondo leggi combinatorie che sarebbe davvero arduo quantificare, ma di cui possiamo immaginare l'incredibile ricchezza.

Il conforto dei limiti

Questa verifica è importante perché ci impedirà di sorprenderci o di soffrire del fatto che nostro figlio si mostri tanto diverso da noi (o dal modello ideale), che sviluppi interessi suoi, ben lontani dai nostri. Certo, possiamo mettergli intorno ciò che amiamo: la musica o la poesia, l'interesse per la natura o le abilità domestiche, la passione per i viaggi o per costruire oggetti, con il 'colore' che queste cose assumono da una persona all'altra.
Si tingono infatti di chiassosità o pedanteria, ordine o disordine, fiducia o pessimismo a seconda di come è l'adulto e la sua relazione con le cose, con l'altro. Ma sono comunque esperienze, e il bambino le fa sue, secondo scelte inconsce che non ci è dato di sapere in partenza.

A poco a poco la sua strada, i suoi gusti si delineano, però dobbiamo definire per lui il binario entro il quale muoversi, perché si senta protetto e a suo agio: in altre parole, sperimentare molti 'sì' e pochi 'no', sereni, non aggressivi, ma fermi come le sbarre di un passaggio a livello. Ben presto comincerà a dare segni inconfondibili del suo essere (persona', individuo unico e irripetibile). Il valore di ogni vita, la sua 'sacralità', è proprio in questo, e se l'individuo avrà potuto costruirsi in equilibrio e autonomia diverrà certamente 'animale sociale'.

La sicurezza di sé, la certezza di poter disporre del proprio corpo, delle proprie mani per costruire o per esprimersi, aprono direttamente agli altri, senza strumenti artificiosi di socializzazioni indotte. Ma è pure ovvio che la famiglia nella sua nuclearità o la scuola nella sua pseudosocialità devono rinunciare alle radici conservatrici e regressive che le distinguono per consentire scambi, incontri, interazioni.

Come ultima considerazione sullo schema circolare che illustra l'autonomia della persona ricordiamo le parole di Bruno Bettelheim: «Non esiste un accesso diretto all'autonomia. Si perviene a essa attraverso la stima di sé e un sentimento del valore positivo della vita. Sono, questi, ingredienti primari della salute mentale. La vera autonomia è una loro conseguenza ed è una delle prerogative più grandi dell'essere umano».

I confini vanno allargati gradualmente

Oggi si assiste a pericolosi travisamenti della realtà infantile: se è vero che nessuna esperienza è rinviabile e che ogni 'no' dettato dalla paura o dall'arroganza è distruttivo, è pur vero che il bambino deve sperimentare i limiti alla sua instancabile ricerca, i 'no' che lo proteggono dai pericoli, dalle richieste insaziabili. I limiti obiettivi, coerenti lo portano a scoprire la realtà, superando il principio del 'tutto e subito' che, funzionale nel primo anno, diventa delirante e distruttivo nelle età successive.

A furia di non mettere limiti si scambia la confusione e il disordine per creatività, il caos per vivacità e allegria, l'assenza di regole per indipendenza.

Viceversa il bambino, il ragazzo hanno sì bisogno di *spazi liberi* in cui muoversi con ampia scelta, *ma entro confini ben chiari*. Non è indispensabile scrivere sui muri se si hanno fogli grandi. Non è necessario allagare la casa per giocare piacevolmente con l'acqua.

Non è lasciando al bambino di 7-8 anni la chiave di casa appesa al collo che si costruisce la sua autonomia. Certo, lo si fa se è inevitabile, ma che sappia almeno di poter contare su qualcuno, se occorre: vicini ospitali, parenti affettuosi.

I confini vanno allargati gradualmente senza compromessi, in modo che il bambino sperimenti il suo potere reale, che va dalla casa, simbolo di protezione, alla possibilità di staccarsene non avendo accumulato paure e disorientamenti, condizionati da scelte precoci quanto frustranti.
L'autonomia cresce con l'individuo, ma non alligna nel vuoto affettivo, che è il rischio più grave cui oggi sono esposte le nuove generazioni. E quali adulti potranno mai essere domani questi figli della solitudine e della fretta? Verso quale sterilità affettiva stiamo camminando?

Imparare dalle emozioni

Riprendiamo il tema della sensibilità infantile, al quale spesso siamo sordi solo perché ci è difficile coglierne le tante sfumature.

Proviamo a elencare alcuni segnali del bambino:

- il suo modo personale, unico (perfino quando imita!) di essere insieme con gli altri;
- la capacità di recepire gli stimoli sensoriali e affettivi, le emozioni degli altri, i mutamenti d'umore;
- l'emergere di talune risposte emotive piuttosto che di altre, di talune predilezioni (o scelte affettive) verso persone, cose, attività;
- gli slanci verso gli animali, le piante, le persone, le cose;
- le richieste di sicurezza e il bisogno inesauribile di esplorare, di verificare da sé;
- la richiesta di aiuto, di carezze, e a tratti la voglia di farne a meno;
- la capacità di cogliere le differenze tra le persone: il padre e la madre, quest'amico, quell'amico, questo nonno, quella maestra;
- la possibilità di sentirsi in sintonia con alcuni e di mostrare avversione per altri;
- le reazioni psicomotorie verso la musica;
- il piacere di manipolare l'acqua, le sostanze duttili e plastiche, i colori.

La diversità di ciascuno

La sensibilità di ogni individuo è fin dalla nascita così multiforme e ricca che potremmo coglierne segni all'infinito: se-

gue un proprio cammino, ricchissima anche nei bambini che hanno difficoltà psicomotorie, sempre che gli adulti siano capaci di leggerne i messaggi.
Proprio in questi bambini, nei quali è ancor più facile indurre stereotipie difensive e chiusure che tutto nascondono, si affolla inascoltata una sensibilità per gli altri e per le situazioni spesso acutissima.

Altri bambini in cui la diversità non è così accentuata, i cosiddetti 'normali', possono presentare una verbalizzazione e uno sviluppo intellettuale talmente vivaci rispetto alla media dei loro compagni da sommergere altri aspetti della persona. Si tratta di un preciso condizionamento famigliare che alla lunga nuoce, poiché il potenziare al massimo le capacità intellettuali negando la vita emotiva, gli slanci affettivi, le abilità manuali, è un modo scisso e non reale di vivere.
Eppure sono frequenti i genitori che come unico rapporto con i figli hanno il resoconto dei suoi compiti o più tardi le discussioni famigliari o politiche. «Per carità, smancerie non ne voglio!»
La relazione si svolge esclusivamente su un piano verbale e razionale: serve a nascondere altri lati della persona e soprattutto la sensibilità, tanto che, a mano a mano che si cresce, non si è più capaci di esprimere quello che ci succede sul piano emotivo, e lo si nega addirittura.
Fortissima è la pressione sociale per coprire i vissuti emotivi, negando per esempio le reazioni oppositive affinché emergano solo quelle socialmente accettabili, e non il rifiuto, la diffidenza, la paura, persino il piacere. Così facendo s'induce nel bambino un atteggiamento deviante: una falsità di fondo che confonde la sua stessa capacità di sentire.

I bambini riconoscono l'incoerenza degli adulti

È vero che il mondo emotivo dell'infanzia ha una sua freschezza che ne rende accettabili anche le espressioni negative. Ma non appena queste si accentuano, e soprattutto a mano a mano che cresce, il ragazzino impara a mettere un coperchio su ciò che sente e che vorrebbe manifestare spontaneamente.

Per esempio, non potrà dire che si annoia o che il tale compagno gli incute paura: meglio l'imbroglio piuttosto che affrontare una situazione scomoda dalle incerte conseguenze.

Il bambino afferra ben presto che cosa sia lecito o non lecito manifestare. Impara a leggere l'incoerenza e la paura degli adulti e a regolarsi su di esse.
Anzi, ne trae vantaggi: proprio il suo apparente candore gli consente di giocare, mettendo gli adulti l'uno contro l'altro.
Il suo bisogno di carezze e di attenzione è tale che gli va anche bene prendersi schiaffi e sgridate, 'carezze al negativo', come le chiama Eric Berne, sfidando la potenza degli adulti e il loro mondo intriso di contraddizioni e di assurdità.

La lotta è più lecita del desiderio di toccarsi

Nel film *Donne in amore* diretto da Ken Russell due uomini che si desiderano reciprocamente, ma non osano dirselo, si spogliano e lottano fra loro con una forza e una carica d'energia che è in definitiva amore, non aggressività. Ho visto spesso qualcosa di simile tra i bambini, specie dopo gli 8 anni, e tra bambini e bambine, anche se in questo caso la lotta assume connotazioni diverse.
Il desiderio di toccarsi, di conoscersi corporalmente, di accarezzarsi è tabù, mentre la lotta è assai più lecita e socializzata, anche se disapprovata e comunque vietata alle 'femmine'. I bambini lo sanno bene. La punizione per aver fatto a pugni non è mai così severa come quando vengono scoperti a masturbarsi o a 'giocare al dottore'. I bambini sentono il turbamento degli adulti, il peso dei loro desideri repressi, e ne ricevono un insegnamento di vita al negativo.

Nel suo bel libro *Il linguaggio della pelle* (Garzanti-Vallardi, Milano), Ashley Montagu illustra molto bene come radici della violenza fisica possano trovarsi nell'assenza di tenerezza, nella scarsità di manipolazioni tattili fin dalla nascita. Prima di essere oggetto erotico e quindi proibito, *la pelle* è per eccellenza *organo della comunicazione*. È attraverso la pelle che il

bambino riceve 'la prima percezione della realtà', la prima rassicurante esperienza della presenza materna.
«Come tutti i giovani mammiferi che vengono leccati, toccati con il naso, tenuti stretti vicino alla madre, anche il bambino piccolo ha un analogo bisogno di stretti contatti corporei, di carezze e buffetti, di sedativi tattili che lo calmino e gli ridiano l'equilibrio quando sta male, ha paura o è arrabbiato.»
Oggi facciamo questo il meno possibile, lo teniamo lontano dal corpo materno con mille scuse: l'igiene, la gelosia del fratello, la fretta, il troppo lavoro, talvolta il pudore, e così via.

Il desiderio dell'altro

Quando il bisogno primordiale di contatto con il corpo materno resta insoddisfatto per tutta l'infanzia, facilmente si scatenano disturbi psicosomatici quali, per esempio, le crisi di acetone, le allergie fra cui pesantissima l'asma, la facilità a piccoli malanni ricorrenti (febbriciattole, mali di gola, disturbi intestinali e gastrici, peraltro aggravati dall'uso selvaggio di potenti medicinali sintetici). Le modalità regressive che l'organismo elabora in cerca di contatto e di riconoscimento del Sé, a poco a poco si installano da padrone nella persona. Rafforzate da inserimenti incauti in esperienze nuove e difficili, si manifestano come forme di difesa ogni volta che l'individuo è esposto a emozioni, a cambiamenti che lo riportano al problema di fondo: il sentimento angoscioso della separazione e dell'incertezza nei rapporti affettivi.

L'evoluzione normale dei vissuti inconsci, che già verso i 18 mesi dovrebbe condurlo alla piena consapevolezza di essere altra cosa da sua madre (la cosiddetta 'nascita psicologica'), subirà inevitabili alterazioni. In seguito adotterà surrogati al contatto più o meno accettabili socialmente, sempre alla ricerca della propria identità negata dagli adulti prima a livello corporeo, poi a livello verbale. In parole povere, meglio essere picchiati e picchiare che non essere toccati e, in certo modo, non esistere!

Ha ragione Bernard Aucouturier quando afferma che, più che di bisogni o di motivazioni, bisognerebbe parlare di 'desiderio' quale movente essenziale delle azioni umane, soprattutto *desiderio dell'altro* quale condensato di questi vissuti. «Il bambino è il nostro problema. Ci rivela quello che non siamo, poiché non è in un sistema di inibizioni come lo siamo noi. Non ha paura di erotizzare il suo corpo davanti a noi, godendo di ogni contatto. È il nostro specchio permanente, il rivelatore dei nostri fantasmi. L'adulto ne ha paura, e per questo vuole strutturarlo, organizzarlo attraverso il gioco preordinato, l'apprendimento di esercizi ritmici, il movimento obbligato.»

La scissione tra persona e ruolo

A poco a poco i bambini assorbono la legge schizofrenica del nostro vivere sociale: la continua scissione tra *persona* e *ruolo*. «La mamma è più gentile quando arrivano i nonni.» «Il babbo è diverso quando è con me a pescare... invece se incontra i suoi colleghi, dice tante stupiderie!» «Non mi piace andare dagli zii di Monza perché lì non posso correre nemmeno in giardino e devo stare impalato perché sono vestiti di nero.» «Ieri stavo male ed è venuta a trovarmi la mia maestra, e mi piaceva perché rideva e non era arrabbiata come certe volte è a scuola...»
Questi commenti, tratti da discorsi e da scritti infantili, parlano da soli, togliendo ogni possibile dubbio.

La scissione tra persona e ruolo è uno degli effetti più drammatici delle società moderne sull'individuo, il quale perde la sua integrità, costretto a nascondere ciò che sente in funzione dell'abito che indossa, dal 'bravo' bambino al 'bravo' maestro, dal 'bravo' avvocato al 'bravo' politico.
Tra le contraddizioni più pesanti c'è quella che assegna un comportamento diverso al *maschio* e alla *femmina*: entrambi imparano a negare la propria realtà emozionale, nascondendola gli uni agli altri, i maschi sotto la maschera dell'irruenza, dei pugni, dell'autocontrollo (un maschio non piange), le femmine sotto le carinerie sentimentali, la compostezza del gesto e la lacrima facile. E guai a non essere nel ruolo: subito

si è definiti mezzi maschi ('finocchio' è insulto corrente dato dai compagni a bambini quieti e non aggressivi, o 'maschiaccio' alle ragazzine vivaci). Sono etichette che spesso restano appiccicate tutta la vita o quasi, anche perché il bambino, per autodifesa, si adegua a esse. La casa, la scuola, gli estranei che incontra si alleano spietatamente nel negare il suo personale modo di essere, peraltro assai mutevole.
Lo ricacciano nell'etichetta riconosciuta da tutti. Temono la sua originalità, se questa affiora, e fanno di tutto perché rientri nella 'norma'. Proprio il contrario di quel che bisognerebbe fare: il bambino è individuo per diritto di nascita, e ciò che lo rende unico in mezzo ai suoi simili è proprio il suo personale modo di sentire, di reagire, di parlare.

Come dice Laing, «ogni volta che nasce un bambino c'è la possibilità di sfuggire alla condanna» del conformismo che lo renderà copia simile a tanti altri. C'è la possibilità di conservare intatto il suo incredibile patrimonio di creatività e di permettere che si inserisca nell'ambiente pur senza perdere la sua identità. Tanto più ricco potrebbe essere il suo apporto in mezzo agli altri, perché nato da un nucleo interiore di libertà. Ciò che non è stato soppresso, atrofizzato nell'infanzia, rifluisce come un fiume generoso in sé e negli altri, soprattutto come autenticità di sentimenti e di relazioni umane.
Ma noi, che cosa ne facciamo di questa eccezionale possibilità?

La relazione a due

È evidente che ancora una volta è all'ambiente che bisogna risalire, ai condizionamenti inevitabili di cui è fatto l'intervento educativo.

Un tempo la pedagogia metteva l'accento sul bambino, sul suo 'dover essere', sull'ubbidienza, sul rispetto dovuto all'adulto.
Poi l'attenzione si è spostata dall'educando all'educatore. L'adulto è stato messo sotto accusa, si è parlato finalmente anche del suo 'dover essere' e del rispetto che a sua volta deve al bambino.

Poi c'è stato un ulteriore passo avanti: l'educare (l'*educere*, trarre fuori dal niente secondo alcuni o da un bozzolo misterioso, secondo altri, denso di ipotetiche ricchezze preesistenti) può rischiare di essere di per sé un atto d'autorità, un più o meno consapevole intervento che prescinde dalla realtà più autentica del bambino, quella che passa attraverso la sua corporeità e la sua vita emotiva.

'Educazione come aiuto alla vita' (concetto basilare del pensiero e dell'opera di Maria Montessori) equivale a porre l'accento sulla *relazione tra adulto e bambino* che è tutto un ascoltare e un rispondere da ambo le parti, un contatto che è in primo luogo corporeo non nel senso di carezze meccaniche o di massaggi indotti da questo o quel principio-guida, quanto un percepirsi scambievolmente al di là delle parole e persino degli sguardi. Ci sono messaggi che vanno dall'uno all'altro attraverso impercettibili movimenti, gesti minuti, sensazioni muscolari come segnali dello psichismo adulto o infantile che condizionano i membri di questa magica relazione a un ascolto reciproco, ne sottolineano gli elementi di incontro o di rifiuto.

Un esaltante fatto di crescita

In effetti la relazione con i figli (o con i bambini a scuola) può essere un esaltante fatto di crescita anche per gli adulti, una situazione in cui *ci si fa insieme* soprattutto se si riesce a stabilire una relazione *personale* con ciascuno.

Viceversa si tende a fuggire dal rapporto a due poiché è più ansiogeno rispetto a rapporti generici con un gruppo, anche minimo. La 'scolaresca', la 'figliolanza' sono curiosi nomi collettivi sotto cui si nascondono persone diversissime tra loro, e anche la realtà del gruppo può essere un alibi per sfuggire alla relazione con l'altro.

L'aiuto alla vita non può essere generico, è l'aiuto alla vita di ciascuno, ed è per questa attenzione individualizzata che l'adulto cresce con il bambino; «entrambi si fanno di volta in volta educando ed educatore», come diceva Marcello Bernardi, senza quella fissità di ruoli che rivela la natura sospetta di ogni intervento pedagogico.

L'importante è che attraverso il nostro modo d'intervenire il bambino stabilisca un contatto positivo con se stesso come preludio al contatto con gli altri. «Lo so fare... Sono capace... L'ho fatto da solo...»
Il nostro dovrà essere un lavoro incessante per mettere il bambino in rapporto con gli attrezzi, gli utensili, le aperture e le chiusure di armadi, porte, abiti, studiando tutte le cose che è in grado di saper usare. La calma e la disponibilità con cui lo faremo indicherà al bambino il ritmo con cui agire e sarà la migliore azione preventiva contro i... disastri. Ecco, gli adulti dovrebbero imparare a riscoprire tutto ciò, dato che *osservare in modo obiettivo* è l'unica via per intervenire senza fare troppi danni.

Ma osservare che cosa? Cogliere soprattutto quello che c'è dietro gli stereotipi, le aggressività scontate, i luoghi comuni verbali e non verbali; affinarsi alle sfumature, ai silenzi, alla gestualità più incontrollata eppure assai significativa: recuperare, insomma, la *propria* sensibilità per ascoltare quella dell'altro.
E quando abbiamo visto e sentito e ascoltato, allenarci, prima di esprimere giudizi o tirare conclusioni, a sentire le risonanze che tutto ciò ha suscitato in noi.

- Perché l'aggressività di C. mi sembra più accettabile di quella di M.?
- Perché mi irrita tanto l'aria sorniona di B.? Che cosa mi ricorda?
- Perché dimentico regolarmente di prendermi cura di T.?
- Perché inveisco con G. e non altrettanto contro P. quando fa lo stesso errore?

Siamo poi tanto diversi da loro?

Solo analizzando le nostre reazioni emotive possiamo evitare il rischio di giudicare a vuoto, di buttare sull'altro i nostri modi di vedere. È un rischio sempre presente, tuttavia ridimensionabile se si vive il rapporto con i figli non in termini pedagogici, ma semplicemente umani.

Mettiamo vicine le nostre diversità, i nostri limiti, e cerchiamo quello che possiamo avere in comune, soprattutto sul piano del sentire. Se ci confrontiamo sull'età, sull'esperienza, sulle nozioni che possediamo, forse ci separano abissi, ma sul piano del sentire possiamo scoprirci invece molto vicini: io, adulto, maturo e sicuro di me e questo bambino di 2 anni che chiede aiuto o questo adolescente aggressivo e caparbio o questa bimba chiusa nel suo doloroso autismo o questa vecchia che chiede ascolto ai suoi ricordi un po' sbiaditi.
Sul piano del sentire, gli umani possono raggiungere livelli di unione e di comunicabilità insospettati: bisogna però fare lo sforzo di uscire dal ruolo per sviluppare «la propria capacità di amare... di pensare in maniera critica, senza abbandonarsi a sentimentalismi», come suggerisce Erich Fromm in *Avere o essere?* (Mondadori, Milano). Bisogna reinventare un modo di essere genitori, cambiando i modelli parentali che abbiamo assorbito, se ci si riesce, ma non sovvertendoli a vuoto solo perché ci hanno fatto soffrire. Erano frutto di quel tempo, di quella generazione: se ne sappiamo un po' di più, è anche perché possiamo avvalerci dei loro errori, e forse ci è più semplice operare un cambiamento positivo senza scelte traumatiche.

I genitori devono amare anche se stessi

Un primo punto importante è sentire che *come genitori si ha pieno diritto di essere persona*, esattamente come il bambino. I ruoli sacrificali non convincono più nessuno, sono troppo intrisi di autocompiacimento per non essere in realtà negativi e ricattatori nei confronti del figlio.
Nel suo libro *L'arte di amare* (Mondadori, Milano), Erich Fromm scrive: «Chiunque abbia possibilità di studiare l'effetto di una madre dotata di genuino amore per se stessa può vedere come niente sia più utile di dare a un bambino l'esperienza di ciò che è amore, gioia, felicità, e la può ricevere solo il bambino amato da una madre che ama se stessa».
In effetti, è l'esperienza umana che fa il buon genitore, il suo continuo crescere e modificarsi e cercare, senza sentirsi in colpa per voler essere se stesso. I sentimenti ambivalenti che

ogni donna prova verso i figli, e che Adrienne Rich esprime così bene nel suo libro *Nato di donna* (Garzanti, Milano), non causerebbero tanta sofferenza e senso di inadeguatezza se fossero socializzati, se non venissero mistificati sotto il vessillo dell'inalterabile 'amore materno'.
Per esempio, un lattante o un bambino che incomincia a camminare esigono il massimo di attenzione: la disponibilità di entrambi i genitori, di un amico o un parente di modi garbati, l'inserimento assai graduale in un asilo-nido (non prima del settimo, ottavo mese, e per poche ore al giorno, se possibile) allevieranno la fatica e non toglieranno alla coppia il piacere di stare con il proprio bambino.

Questo tipo di aiuto attraverso l'apertura ad altri non è meno importante durante l'adolescenza dei figli. Mettere in comune con altri i sentimenti di irritazione, la stanchezza, lo sforzo di interpretare pazientemente il linguaggio verbale e non verbale dei figli non risolve forse i problemi, ma ne riduce la drammaticità, li mette in una luce diversa: togliendoli al rovellìo interno, ne fa intravedere aspetti positivi e soluzioni possibili.

Non trascuriamo i particolari

Un male del nostro tempo è la *delega all'esperto*: l'esperto di medicina, di psicologia, di alimentazione e così via.
La specializzazione del lavoro porta le persone a un isolamento reciproco, a una non-conoscenza delle esperienze altrui, per cui l'addetto ai lavori (dal meccanico di fiducia al cardiochirurgo, dal chimico al maestro di scuola) è quasi investito di poteri magici. 'Lui ci capisce', e noi ci sentiamo impotenti davanti alla sua esperienza.
Oggi poi ci si rivolge al medico per ogni problema: succhia il pollice? Picchia i compagni? Si sveglia di notte? Bagna il letto? Non è attento a scuola? Per cose del genere chiediamo soluzioni al pediatra, il che dimostra non solo la nostra rinuncia a capire e ad affrontare i problemi in tutta la loro complessità (comprese le responsabilità degli adulti), ma anche la tendenza a risolverli tutti in chiave medica, a dare potere all'esperto.

Quanto al medico, per sua formazione, non è affatto preparato in senso psicofisico, e talvolta dà quindi risposte evasive, temporeggia o minimizza con evidente imbarazzo.

Impostiamo correttamente i problemi

A mio avviso ci sono due tempi diversi: uno è l'impostazione del problema, e l'altro è la sua soluzione. Se per esempio un bambino di 3 anni mangia pochissimo, ricorrere al pediatra che con una medicina (leggi 'bacchetta magica') risolva il tutto è una rinuncia a priori a capire.

Cominciamo invece noi in casa, con l'aiuto dell'eventuale asilo-nido o scuola, a formulare ipotesi. Non mangia come dovrebbe perché:

- lo si vuole rimpinzare troppo e a lui basta poco;
- spesso si annoia, in casa è sempre solo, fantastica molto;
- conduce una vita monotona, esce di rado, sta poco all'aria aperta;
- non accetta di essere lontano da casa;
- in casa viene ancora alimentato al poppatoio e imboccato;
- ha sempre mangiato poco fin dalla nascita (cause possibili: orario rigido, cambi di latte, separazione dalla madre. Tuttavia non sembra deperito: «Il medico dice che sta bene, ma non mi fido: lo vedo così magrino!»);
- ha cominciato a mangiare poco dal divezzamento: forse realizzato troppo presto o troppo rapidamente mentre aveva ancora bisogno di succhiare;
- ha cominciato a mangiare poco da quando è nato il secondo figlio. A quell'epoca veniva ancora imboccato e cercava spesso il succhiotto. Ora è aggressivo verso il piccolo, specialmente quando lo vede succhiare in braccio alla madre;
- si potrebbe farlo collaborare ad attività di cucina, come preparare biscotti, sbucciare fagioli, mescolare una crema. «Certo gli piacerebbe, ma ho paura che faccia pasticci a non finire, e poi ho poco tempo»;
- preferisce cibi fantasiosi che gli consentono di mangiare con le mani senza sporcarsi troppo, come per esempio pizze, crocchette, crostini, bastoncini di carota cruda e palline di pa-

tate bollite. «Invece odia la minestra e la carne, ma il medico ha detto che deve mangiare di tutto»;

- a tavola con gli adulti si scatena: è più tranquillo se mangia da solo a una tavolina bassa, da lui stesso apparecchiata. Forse è più a suo agio se non ha su di sé quattro, sei, otto occhi che controllano ogni briciola che inghiotte. Passerebbe a chiunque lo stimolo della fame!

Questo è solo un piccolo elenco delle centomila domande-risposte che ci si potrebbe rivolgere, prima di decidere che la soluzione sia medica e che debba essere affidata all'esperto. Questa rinuncia a pensare da parte dei genitori è spiegabile, date le pressioni esterne, ma non è certo ideale perché la comunicazione tra loro e il bambino sia fluida.
Il piccolo sente la sfiducia dei genitori, la loro impotenza; non gli piace affatto l'estraneo che lo palpa e ordina iniezioni. Paura, antipatia, rancore si scatenano in lui: di nuovo la sensibilità è ferita, ed egli sente che non può fidarsi di quelli che gli stanno intorno. Forse ha torto, ma come ci sentiremmo al suo posto?

Stabilità affettiva attorno ai figli

Essere positivi nell'intervento ed *essere permissivi* sono due atteggiamenti molto diversi; nel primo caso si tratta di valorizzare sia il bambino sia la nostra presenza, nel secondo invece equivale a lasciar andare le cose senza offrire una struttura chiara e rassicurante entro cui muoversi, scaricando sul bambino decisioni e responsabilità.
Nel bel testo americano *The Parent Book* (Il libro dei genitori) si mettono bene in luce mezzi assai semplici per manifestare questa positività. Per esempio:

- ogni giorno fargli notare qualcosa che ha fatto e che i genitori approvano: «Come hai allacciato bene il tuo vestito!» Oppure: «Hai riordinato con cura la tua stanza»;
- dimostrargli che si crede in lui, che si apprezzano le sue capacità: «Che cosa ne pensi?» «Hai fatto bene a dire...» È importante che a ogni età il bambino, il ragazzo, sentano di poter liberamente esprimere la loro opinione;

- evitare le continue barriere dei «no», «non puoi», «non sei capace». Come fa a crescere bene se è sopraffatto di continuo da interventi che negano a priori le sue possibilità? Anziché dire: «Non toccare quel coltello!» proporre: «Usa questo più piccolo, lo terrai meglio in mano»;
- mai ridicolizzarlo: l'ironia provoca veri e propri 'disastri emozionali'. Si rafforzano gli errori, il senso di inadeguatezza, mentre un'onesta constatazione dello sbaglio, sostenuta dalla fiducia, l'aiuterà certamente a crescere.

La maturità emotiva di un bambino ha radici lontane, in primo luogo nella stabilità affettiva dei genitori. Lui, che ha esigenze semplici ma totali, ha bisogno di sentire, pur nelle differenze tra padre e madre, la solidarietà del 'blocco parentale', come chiama Maurice Porot, in *L'enfant et les relations familiales* (Il bambino e le relazioni famigliari, PUF, Parigi), l'amore all'interno della coppia che è fatto di intesa sessuale, sia genitale sia sentimentale, ma soprattutto di profonda, reciproca *solidarietà*. «L'unità,» dice ancora Porot, «non significa unicità.» Anzi, il bambino deve poter cogliere le differenze perché è su queste che modella il suo arricchimento interno e la sua identità sessuale. La solidarietà è altra cosa. È rispetto dell'altro, è accettazione tollerante degli aspetti scomodi del compagno. Del resto, il bambino non s'inganna: è la realtà affettiva nascosta che egli sente. Intuitivo com'è, coglie nei gesti, nel tono della voce, nel modo di portare gli oggetti, l'amore o l'assenza dell'amore. L'adulto cade nella trappola delle sue razionalizzazioni, il bambino coglie le incertezze, le incoerenze.
D'altro canto la percezione infantile della realtà è alquanto rigida, assoluta; non gli consente di apprezzare la relatività delle situazioni. Un litigio banale tra i genitori è per lui la fine del mondo, così come la tenerezza tra loro continuamente espressa lo fa sentire un escluso, se non ne riceve altrettanta solamente per sé.

La coerenza è importante

Questo non significa affatto che i genitori non debbano mostrarsi per quel che sono, ma che sappiano rassicurare il bambino con la coerenza dei loro atteggiamenti, con la stabilità dei 'no' e dei 'sì'. L'insicurezza materiale è meno grave di quella affettiva, mentre le divergenze ideologiche e religiose diluite nel tempo o le decisioni improvvise, che rovesciano di frequente la situazione di casa, possono far nascere angosce insostenibili.

Un esempio assai significativo e oggi molto frequente riguarda il cambiamento di alloggio, di quartiere o di città che gli adulti effettuano senza tener conto dell'età o della situazione del figlio.

Se è *molto piccolo*, soprattutto sotto i 2 anni, bisogna stare molto attenti a ricostruirgli attorno, nella nuova casa, i suoi punti di riferimento. Se oltre al cambiamento di stanze egli perde il suo letto, la sua copertina, la cassetta con i giochi («Ti facciamo la stanza più bella!»), perde se stesso e le sue sicurezze, senza contare che nel corso di un trasloco gli adulti sono tesi e pressoché intrattabili. Più di una volta mi è accaduto di sentire racconti drammatici di reazioni infantili posteriori a eventi del genere (lo stesso può verificarsi per brevi trasferimenti come le vacanze).

Se invece è già *grandicello*, bisognerebbe farlo partecipe in anticipo delle decisioni prese, mostrargli i luoghi dove andrà. Se il trasloco gli fa perdere quella che Porot chiama la «costellazione affettiva» (le sue amicizie, il cane del vicino, i compagni di scuola), egli rischia molto, soprattutto dopo i 7 anni. La stabilità affettiva famigliare assume in questo caso maggiore importanza come elemento da cui partire per ricostruire nuovi legami con l'esterno.

Se è *adolescente*, bisognerebbe sentire maggiormente il suo parere, coinvolgerlo nelle scelte, valorizzarne le proposte che, muovendo da altri punti di vista e da valutazioni emotive diverse rispetto alle nostre, possono offrire un contributo quanto mai valido. Se il bambino piccolo ha bisogno di una via chiara davanti a sé tracciata dai genitori senza ambivalenze, né ripensamenti, l'adolescente, che è invece in grado di cogliere la molteplicità delle situazioni, ha bisogno di essere valorizzato come persona autonoma, ormai in grado di scegliere a livelli ben più evoluti e di maggiore responsabilità.

Il 'consiglio di famiglia'

Shirley Gould, psicoterapeuta di formazione adleriana, insiste sull'importanza del 'consiglio di famiglia', già raccomandato da Rudolf Dreikurs: seduti intorno a un tavolo, uno dei famigliari (non necessariamente un adulto) presiede a turno, come prassi consueta per discutere e risolvere alla pari i problemi della vita in comune. Si verificherà in concreto se le relazioni siano davvero basate sull'eguaglianza del rispetto e dell'ascolto, o se emerga il predominio 'verticale' di alcuni membri su altri. Quando le relazioni famigliari sono 'orizzontali' e la comunicazione verbale è fluida in tutti e da tutti, l'espressione dei propri sentimenti è più facile, e il giudizio reciproco è controllato dal fatto che ciascuno può prendere consapevolezza delle proprie azioni e parlarne con gli altri.
Una famiglia di questo tipo è «orientata verso la persona», dice Bernstein analizzando il problema, mentre la famiglia «orientata verso il ruolo» reprime la sensibilità ai problemi degli altri, ai vissuti individuali, e non riesce a elaborarla in dialogo aperto. Semplicemente non se ne parla, e questo incoraggia le finzioni e le difese reciproche.

Le modalità di intervento con i figli

Inoltre sulle modalità di intervento con i figli spesso si scatenano tra genitori liti e battibecchi a non finire.
La loro storia personale come figli di cui non sono chiaramente consapevoli ha su questo un'influenza diretta. Il guaio è che discutere pesantemente, aggredirsi, ironizzare sul partner alla presenza del figlio, o sminuire l'immagine dell'altro, soprattutto se assente, sono segnali di rivalità e di disaccordo che denunciano l'inesistenza di un legame d'amore tra le persone.
Il figlio, con le sue antenne finissime, avverte il non-espresso, la minaccia di un uragano che forse non scoppierà mai, ma che gli provoca un sentimento di angoscia diffusa e persistente. Il blocco parentale, l'unità di vedute soprattutto per gli aspetti concreti della sua vita sono alla base della sua tranquillità emotiva: nell'inesistenza d'un rapporto solidale tra i

genitori egli sente in pericolo la sua stessa vita, è costretto a parteggiare per l'uno sentendosi in colpa verso l'altro; una situazione di profonda infelicità che segnerà la sua vita.

Quanti disastri scolastici, quante difficoltà di rapporto con gli altri gli verrebbero risparmiati se avesse assorbito solidità di fondo. Non può star bene, né aprirsi tranquillamente alle curiosità intellettuali o accettare lo scambio con altri, finché vive in sé l'incertezza tempestosa del legame con i suoi genitori, la violenza palpabile, anche se muta, dell'odio fra loro, la finzione dell'accordo.
Tra i due adulti, per avere entrambi, è indotto a un gioco malato che assorbe tutte le sue energie. Meglio allora una separazione raggiunta con modi civili e tranquilli che chiarisca anche al figlio l'impossibilità dei suoi genitori di vivere insieme: la falsità d'una situazione, la repulsione reciproca contenuta in nome della 'faccia' sociale sono peggiori di esplosioni aperte di aggressività.

Ogni giorno, un momento magico!

È ancora *The Parent Book* (Il libro dei genitori) che, tenendo presente il carico di occupazioni e la vita stressante attualmente condotta dai genitori, suggerisce di dedicare ogni giorno un momento all''incontro magico a quattr'occhi' con il bambino, trovando almeno 10-15 minuti per stare insieme, per fare qualcosa insieme. Anche in silenzio per agire, costruire a due voci, a quattro mani; non guardando la televisione, ma essendo *insieme davvero* (possono essere anche 1 o 2 ore, alcune volte la settimana, ma è preferibile la regolarità quotidiana per il suo potere più rassicurante. Meglio poco che niente!...)
Tutte le sere questo momento magico torna: «Sono qui per te e tu sei qui per me. Siamo importanti l'uno per l'altro, ci ascoltiamo, stiamo insieme». Certo è indispensabile che un tempo così prezioso non sia inquinato da rimproveri, critiche, prediche, e che il bambino lo ritrovi ogni giorno con gioia intatta, sperimentando l'emozione dell'attesa e la certezza d'una promessa mantenuta per amore.

Abbiamo detto: osserviamo il bambino e cerchiamo di essere sensati interpreti di ciò che vediamo in lui. Ascoltiamo ciò che dice. Se è in ansia, cerchiamo di formulare a parole il suo problema aiutandolo a verificare che ciò che prova può essere detto, comunicato, e trovare così sollievo, aiuto concreto. E se la nostra formulazione corrisponde, è importante dirgli con semplicità che comprendiamo bene la sua rabbia, la sua gioia, la sua disperazione, e che anche a noi è capitato e capita qualcosa del genere.

Questo modo di agire è valido soprattutto dopo i 5 anni, quando il bambino comincia a oggettivare le sue reazioni. Prima occorreva stargli vicino in altro modo; ora l'aiuto verbale comincia ad avere un peso ben preciso, soprattutto se non se ne è abusato nel periodo precedente.

Il dialogo

Nell'etimologia del termine 'dialogo' c'è la particella greca *diá* che ha anche il significato di 'attraverso'. Non è un semplice 'fra' due persone, ma contiene in sé il senso dello scambio intrecciato, di qualcosa che passa e ripassa fra due parti, come una navetta di telaio che, un filo dopo l'altro, costruisce il tessuto.

Tutta la comunicazione (non-verbale, pre-verbale, verbale) è, in questo senso, dialogo: passaggio costruttivo di sensazioni, richieste, offerte, parole, idee. La navetta corre nei due sensi, alla pari, purché i due protagonisti, anche se non hanno lo stesso 'potere di parola', si trovino sullo stesso piano d'intesa e con analogo desiderio di dirsi, di cercarsi, d'intendersi.

Ci sono genitori che realmente dialogano con i loro neonati, nel senso che c'è da parte loro tale attenta comprensione del linguaggio muto, eppure assai espressivo, del loro bambino, da essere in linea diretta con i suoi bisogni. Il piccolo, dal canto suo, è così ricettivo e affamato di ascolto nella sua sensibilità tanto intensa e diffusa in ogni quadratino di pelle, da cogliere a suo modo che la risposta c'è e pronta, e allora comunica a sua volta. Non ha bisogno di disperarsi nel pianto: usa piuttosto il sorriso, le piccole voci ripetute, le contorsioni degli arti, il rilasciamento, per dire: «Sto bene, mi piacete e so che vi piaccio».

Il falso dialogo

A proposito di dialogo, ci sono sensibilità molto diverse: tutti, credo, conosciamo persone che comunicano in modo straor-

dinario con gli animali e altre che ne sono incapaci. Alcune pur parlando poco dicono molto all'altro, altre invece, afflitte da una verbosità inquieta, parlano solo per se stesse.
In effetti ci sono varie forme di *falso dialogo* in base alle quali ci si illude di essere in rapporto con gli altri, mentre nascondono un vuoto affettivo ed emotivo. Per esempio, le conversazioni o le accese discussioni sul tempo, sullo sport, sulla politica, sulle malattie, sul: «Dove andiamo a finire?» sono spesso un pretesto per sfuggire a discorsi più personali, al silenzio, a situazioni vissute come imbarazzanti, ad aggressività nascoste, che si preferisce coprire di luoghi comuni che sono sulla bocca di tutti (indotti dai modelli televisivi, dalle canzoni, dal gergo pubblicitario, politico o sportivo).

Parole vuote, che non contengono nemmeno un passaggio d'informazioni; fanno pensare a quel finto gioco a tennis simbolizzato su uno schermo televisivo: finita la partita non resta proprio niente, nemmeno la palla, né il benessere concreto di aver impegnato il proprio corpo in una vera partita.
Le parole, private del loro reale contenuto, vengono usate per 'evadere', per dire altro, per colmare un vuoto ben tangibile.
Il linguaggio diventa veicolo comune per condizionare, per addormentare la coscienza e la capacità critica. È il 'bla-bla-bla' a tutti ben noto: si parla molto, ma non ci si ascolta.

La logorrea nevrotica

Il dialogo non è nemmeno pura e semplice informazione: è proprio *scambio*. Ci sono conversazioni in cui agli inizi si parla entrambi, poi si trasformano in monologo. Uno dei due si abbandona inarrestabile alle proprie parole, l'altro tace, infastidito o umiliato. Il dialogo è inesistente perché c'è aggressione da un lato e chiusura dall'altro, e la responsabilità è di entrambi.
Oppure: «Gliel'ho detto tante volte, ma non serve a nulla». Discorsi ripetuti fino alla nausea che sanno di predica, sempre gli stessi, in modo esasperante: aggressione ancor più pesante, paternalistica presa di potere, in realtà vuota come un gu-

scio abbandonato e del tutto improduttiva. Quanta gente si ascolta mentre parla invece di prestare attenzione alle minime reazioni dell'altro? Un fiume di parole: per far 'bella figura'? Per un bisogno incontrollabile di sopraffare e di prendersi tutto lo spazio possibile? Perché non si è capaci di fermarsi? Per 'sentirsi parlare'?

Accade persino in certe 'tavole rotonde': tempo previsto 2 ore circa, sono in 3 o 4 a parlare, si prevede anche un dibattito. Macché: il primo parla per un'ora filata o anche più, che è come dire agli altri: «Qui conto solo io. Sono importanti solo i miei discorsi».
Appunto, un discorso: uno scorrere vuoto che dopo i primi 20 minuti nessuno segue più con attenzione. Le persone si distraggono, si abbandonano alle proprie fantasticherie con sentimenti di irritazione, rabbia crescente, risvegliandosi a tratti a un ascolto indifferente, mentre il tizio che continua a parlare sembra sempre allo stesso punto. Non ci piace, ma siamo troppo... educati (o timidi?) per protestare o andarcene via. È una forma di aggressione 'verbosa', ma c'è anche l'aggressione muta, quella di chi 'mette il muso' per giorni o che impone il proprio ostinato silenzio come vendetta raffinata, ma non meno efficace.

Il silenzio di chi è indifferente o detiene il potere

Non meno pesante della logorrea nevrotica di chi sommerge gli altri di parole, anche a fin di bene, è il silenzio di chi è indifferente o di chi tiene altri in soggezione, giocando sui 'segreti di famiglia' o sulle 'cose che non vanno dette', con mezze frasi, allusioni.
I toni di mistero sono un altro mezzo per esercitare potere, e certo non giovano ad accrescere nei bambini il loro potenziale di vita. È un modo per non mostrarsi, fingendosi potenti.
Queste o altre modalità di scontro attraverso il linguaggio sono assai frequenti in famiglia quando i rapporti, anziché essere di 'reciprocità', come dice Ronald D. Laing, sono basati su 'differenze di potere' e si esprimono come 'interazioni dolo-

rose' attraverso incontri deformati, assenza di contatto, indifferenza, litigi. Rare le famiglie che ne sono immuni.

La predica fiume e il ricatto affettivo

Anche nelle famiglie più equilibrate vi è il momento del finto dialogo o dell'aggressione verbale, ma il vero guaio è l'abitudine alla predica fiume o al ricatto affettivo: «Lo sai che se non torni presto a casa io sto male!», o all'assillante richiesta di notizie dall'altro: «Che cosa hai fatto a scuola?»

Le chiacchiere inutili

Nel campionario delle chiacchiere inutili non mancano il resoconto abituale e dettagliato del sogno o del film visto in televisione, le esortazioni ripetute: «Non saltare... Copriti bene...», le spiegazioni non richieste: «Forse tu non sai che...», le sollecitazioni: «Hai fatto i compiti?»
Anche il continuo raccontare barzellette o il giocare sempre su battute umoristiche sono assai sospetti: altri modi di prendere spazio, per tacere di certo umorismo sadico che ridicolizza e ferisce.

Dietro a espressioni verbali così diverse ci sono molti messaggi: il potere che si vuole esercitare sull'altro (moglie, marito o figli); la paura della malattia altrui che corrisponde a rifiuti profondi e a desideri inconsci di negazione dell'altro; il bisogno di autoaffermazione, insoddisfatto o malamente costruito fin dall'infanzia, che cerca le sue eterne rivalse...

L'attenzione all'altro

Il linguaggio del 'dialogo felice', come lo chiama R.D. Laing in *Conversando con i miei bambini* (Einaudi, Torino), è molto diverso e mostra piena disponibilità all'*ascolto dell'altro*. Non è 'confuso' né 'fonte di confusione': anziché essere «uno spazio mortificante e mortifero, è un'area libera e aperta fra noi

dove insieme possiamo giocare con la realtà». Ci si scambiano sguardi, gesti, parole, con aderenza ai sentimenti, e non come copertura di cose che non si vogliono dire.
Non c'è messaggio peggiore per un bambino (ma non solo per lui!) di parole amorose che nascondono il rifiuto o una carica d'odio, o di regali frequenti e costosi che vogliono rimediare a un'assenza di rapporto. Un bambino può accettare una certa mutevolezza di sentimenti (la madre tenera e disponibile che s'infuria per un oggetto rovinato), ma non l'ambiguità di chi dice: «Non è nulla» e poi lo fa pagare agli altri, ricordando di continuo che «quella volta...»

La lotta alla routine

Il guaio è che tendiamo tutti a essere ripetitivi nei nostri comportamenti. La nostra mente, strutturatasi nella prima infanzia su un certo nucleo di esperienze fondamentali, continua a muoversi su binari pressoché obbligati, e reagisce nel 'solito' modo anche se potrebbe non farlo (o farlo di meno!) se esercitasse di più la propria creatività.
La famiglia è il luogo della ripetitività ossessiva, dove azioni e reazioni appaiono scontate in partenza. Ciascuno conosce a memoria l'altro nelle minime sfumature gestuali, nei toni di voce, appunto il 'lessico famigliare' dove il dialogo si spegne e dove non c'è ascolto dell'altro perché lo conosciamo troppo, ci identifichiamo troppo con lui.
L'amico che viene da fuori e ci dona il piacere della sua presenza, la giornata trascorsa in modo insolito rompono questi schemi e portano una ventata d'insolita freschezza.
È la *routine* che soffoca e uccide, non la vita famigliare in sé, ed è alla *routine* che bisogna dichiarare guerra.

Quando ci sono bambini piccoli in casa, se siamo davvero in comunicazione con loro, questa ventata di nuovo è più frequente. L'originalità delle loro osservazioni, la logica stupenda delle loro conclusioni in apparenza assurde, la capacità di cogliere le contraddizioni di noi adulti, tutto ciò frantuma gli schemi, e, che ci diverta o meno, induce a riflettere.

Ha ragione Laing quando afferma l'importanza per gli adulti di restare in contatto con i bambini: stabilire con loro un dialogo alla pari senza mettersi di continuo nella posizione del pedagogo, dell'erudito o semplicemente del più forte. 'Alla pari' non significa dimenticare le proprie responsabilità, far finta di essere piccoli, ma alla pari sul piano dell'ascolto, senza pregiudizi.
Tutto questo sembra invece diventare difficile con gli adolescenti, proprio per la difficoltà, comune a tanti adulti, di adeguarsi al mutamento di esigenze dei propri figli via via che crescono, e si evidenzia soprattutto nel dialogo: c'è chi lo stabilisce con un piccolino, ma poi lo perde strada facendo, per una propria difficoltà a interessarsi costantemente del bambino; chi riesce a entrare in rapporto verbale con i figli solo a partire dalle prime pagelle, e chi invece vive accanto a loro un'intera vita senza parole.
La capacità di dialogare non ha tanto a che fare con la cultura o con il benessere, quanto con le modalità con cui ciascuno si rapporta al vivere stesso e agli altri.
Non c'è dubbio, comunque, che sia estremamente difficile improvvisare il dialogo con figli già grandi, se questa non è un'abitudine lentamente costruita, intessuta in antichi legami di stima e di solidarietà reciproca, gli unici che possano mantenere vivi i rapporti con gli adolescenti all'interno della famiglia.

Il riconoscimento del viso materno

C'è una fase fondamentale nello sviluppo che è il riconoscimento del viso materno come portatore di benessere e come 'altra cosa' separata dal seno.
È una scoperta dei 4-5 mesi, che si accompagna a sorrisi, a uno sgambettare, a un agitare le braccia abbastanza tipici e all'emissione di vocalizzi e gorgoglii. Si ripete più volte al giorno e diventa quindi occasione per confermare la scoperta stessa.
È da lì che si comincia: da parte del bambino è l'invito al dialogo, richiesta di scambio amoroso che a poco a poco si trasformerà in parola, in racconto. Dal modo con cui l'adulto rispon-

de dipenderà tutta la capacità di conversazione del bambino, in quanto si adeguerà acriticamente a quanto gli verrà dato.

Credo che questo sia mancato (e manchi) a molti, soprattutto perché è meno diffuso l'allattamento al seno, e ridotti al minimo gli incontri pre-verbali.
Non voglio dire ovviamente che questo sia l'unico motivo dell'incomunicabilità oggi così diffusa, ma certo ha il suo peso, essendo profondamente radicato nell'inconscio.
Fin da quei primi mesi il dialogo è l'espressione, in superficie, di scambi profondi. Punteggiato di silenzi, di sguardi, di contatto consente agli umani di incontrarsi e, nell'ascolto reciproco, di superare il proprio nucleo individualistico e anche il sentimento della propria solitudine. Non è un caso se il dialogo, nel senso più vero del termine, è il sottinteso dell'amore e più ancora dell'amicizia! Ora questa meraviglia della condizione umana che è il linguaggio, della quale andiamo così orgogliosi, è opera di assimilazione del bambino piccolo.

La 'costruzione' del linguaggio

Poiché il linguaggio non è ereditario, è il bambino che compie questo lavoro complesso partendo da zero, una 'pagina bianca' da riscrivere *ex novo* a ogni nascita, base indispensabile per lo sviluppo futuro.

Perché questo si verifichi puntualmente, occorrono due condizioni essenziali:

- *che fin dalla nascita assorba suoni* della voce umana ascoltandoli ripetutamente;
- *che possa avere molti scambi con altri*: assimilare gradualmente il senso dei suoni, dei gesti, delle parole, delle frasi che rivolge all'altro e rafforzarli di continuo nell'uso che egli stesso può farne e che dall'ambiente 'verbale' intorno a lui gli viene confermato a ogni suo tentativo di comunicare.

Viceversa, se la famiglia fa uso di un vocabolario e di una sintassi limitati, sia per povertà culturale o sociale, sia per il clima anaffettivo che impedisce al bambino di dire la sua, sia per un sistema di ruoli chiusi per cui ciascuno, rigido nel proprio schema e nel proprio posto, non entra in rapporto con gli altri, la comunicazione è comunque limitata. Le parole non passano, il dialogo è inesistente.

Di conseguenza le possibilità di assorbimento sono assai ridotte.

L'asilo-nido, la scuola di base, offrendo al bambino ricchezza di esperienze ed ai genitori la possibilità di confrontarsi con altri, potrebbero dare un apporto di importanza primaria, anche se da soli non 'fanno linguaggio'.

Bernstein, esaminando le differenze tra un linguaggio povero o *codice ristretto* e un *codice elaborato*, ha dimostrato che esso non viene solo da un vocabolario più ricco, ma anche dalla possibilità che all'interno della famiglia il singolo sia valorizzato e che rafforzi quindi sotto ogni aspetto, non solo verbale, quanto apprende via via fuori di essa. Di qui l'importanza di un'interazione costante tra esterno e interno della famiglia.

La storia di ciascuno

Un gatto di Pechino miagola in modo assai simile a un gatto del Colosseo perché il loro miagolio è il risultato di un processo genetico che subisce ben poche varianti. Invece l'essere umano non eredita, per così dire, suoni prestabiliti, ma solo la capacità di assimilare suoni, di farli propri secondo un modo personalissimo, dopo averli a lungo sperimentati. Così accade che non solo ogni ceppo umano, ma ogni individuo abbia la sua propria espressione verbale.

Si pensi inoltre alla storia dei linguaggi umani, alla ricchezza dei dialetti, alla differenza di sfumature sonore ed espressive (i modi di dire) ancora oggi esistenti tra paesi che distano anche solo un chilometro.

Di questa estrema varietà di linguaggi, che è il segno più originale degli esseri umani, si fanno veicolo i bambini attraverso le generazioni. Assorbono e a loro volta trasmettono, trasformando vocaboli, espressioni, inflessioni secondo un processo in continua evoluzione dagli albori della storia umana.

La voce è la 'musica' migliore

In effetti, per il bambino non c'è musica che lo interessi o che lo calmi più della voce. A 4-5 mesi guarda incantato la bocca che si muove parlando, a 6-7 la vuole afferrare: gli piace moltissimo la ripetizione di suoni, di parole, di piccole canzoni e più tardi di filastrocche o di storie.
La ripetizione lo aiuta a fissare i molti linguaggi che sente attorno a sé nel suo *computer* mentale, lo porta a concentrarsi sull'uso e sul significato per lui magico di tanti vocaboli (si pensi alle parole che fanno ridere o piangere, che divertono o che scatenano la rabbia dell'adulto: quando e come le scopre il bambino?)

Il bambino non eredita un linguaggio fisso, ma la sua 'nebula', per usare un'espressione della Montessori, cioè la possibilità di acquisirne uno, quale che sia o anche più d'uno, ma se ne impadronirà solo se le circostanze lo aiuteranno. Pertanto l'ambiente assume un'importanza enorme.
E c'è un altro fatto da tener presente: questa acquisizione, per le modalità in cui avviene, è esclusiva dei primi 3-4 anni di vita. Maria Montessori parla di 'periodo sensitivo' (o 'sensibile') del linguaggio, un periodo di assorbimento limitato nel tempo ma potentissimo nel suo potere assimilante, mosso da una speciale sensibilità a discernere tra i tanti rumori e suoni quelli della voce umana, a sentirli ripetere instancabilmente e a ripeterli. Dopo i 4-5 anni tale interesse scompare rapidamente.
Le intuizioni di Maria Montessori trovano riscontro nelle ricerche più avanzate della moderna linguistica e confermano la non rinviabilità delle esperienze sonore e verbali.

Le prime parole sono collegate alle esperienze

Consideriamo più da vicino ciò che appare all'esterno del cammino che ogni bambino percorre per capire il senso di una conquista così graduale e significativa.

Dapprima usa solo suoni isolati, poi li combina in sillabe, infine in parole: «M, m» diventa: «Ma-ma», poi: «Ma(m)ma», la fa-

tidica prima parola che ogni bambino al mondo, quale che sia il suo linguaggio, dice con lievi differenze: «Mama... moma... mami», o: «Papa... papi» sotto varie latitudini.
Dopo l'anno cominciano le prime parole intenzionali di due sillabe, strettamente legate al desiderio del bambino di entrare in rapporto con l'adulto e con lo sviluppo motorio. Sembra per esempio che vi sia una relazione molto stretta tra il vagabondaggio esplorativo 'a quattro zampe' che va dai 9 ai 14 mesi circa e lo sviluppo del linguaggio. (Che dire dei bambini chiusi per ore in un recinto pieno di giocattoli o in un girello?)
Le prime semplici parole che il bambino sa dire sono certo collegate con le sue esperienze e, limitate di numero come sono, assumono più significati.
Per esempio, per Francesco di 15 mesi: «Apa» vuol dire: «Acqua», «Prendimi in braccio», «Ho sete», «È venuto il garzone con l'acqua minerale»; verso i 18-20 mesi giunge alle prime frasi: «Voi apa» che significa: «Voglio acqua».

È più che imitazione

Per lungo tempo quasi non parla: 2 anni, a volte più! Balbettio di suoni, poi di parole, quindi di frasi, ed ecco che quasi di colpo si scatena una sorta di 'grammatica combinatoria', come la chiama Maya Pines. Il bambino usa talune parole-chiave, e a queste aggancia in modo sempre più vario le altre: è l'esplosione del linguaggio, risultato di uno straordinario *processo imitativo* (già tra i 9 e i 10 mesi si sente benissimo la differenza 'sonora' nei balbettii di un bambino inglese o di uno italiano, di un piemontese o di un sardo!) ma *creativo insieme* (ogni bambino si esprime in modo autonomo e fin dalle sue prime esperienze fa dei vocaboli un suo uso assolutamente originale).

Una ricchezza espressiva che va stimolata

Che il linguaggio infantile non sia semplice imitazione lo dimostra per esempio la capacità di coniugare verbi e declinare nomi in modo originale. Tra i 3 e i 5 anni il bambino dice per esempio: «Ho scrivuto» anziché «scritto», in analogia a «bevuto» o simili. «Sto fando un disegno.» Ricordo mia figlia che intorno ai 5 anni e mezzo vedendo un frate in bicicletta esclamò meravigliatissima: «Un 'suoro' in bicicletta!» Aveva colto l'analogia (dal vestiario?) tra frati e suore, e aveva declinato al maschile la parola che conosceva.

Ebbene, tanta ricchezza espressiva comincia per ogni bambino con quel gioco istintivo di vocalizzi a due tra figlio e genitore fin dai primi tentativi e dai primi sorrisi, importantissimi perché sono già preludio a quel dialogo essenziale con il quale l'adulto non dovrebbe mai perdere contatto nel corso dell'infanzia e poi nell'adolescenza.

Per seguirne e favorirne l'evoluzione si può fare molto. La parola esatta offerta come un dono nel corso di un'esperienza per cogliere differenze: «Vedi, il tuorlo e l'albume...» «Queste sono le pinze e queste le tenaglie»; o per chiarire che cosa è avvenuto: «Hai riempito troppo il bicchiere e l'acqua è caduta fuori; adesso asciughiamo e *tu riprovi*». Sono il sostegno, lo stimolo continuo a fare e ad elaborare i simboli mentali che sono le parole, le frasi, i periodi verbali.

La sintesi di base, cioè la struttura fondamentale della frase, si fissa entro i primi 3 anni, ma solo se il bambino è in dialogo frequente con gli adulti che, pur senza infantilizzare o deformare il loro linguaggio, sanno adattarlo a lui, semplificandolo quanto basta per farsi capire meglio.

Negli anni che seguono c'è solo arricchimento di vocabolario: la vivace sensorialità orecchio-occhio-voce-mano si esaurisce a poco a poco e con essa la possibilità d'un assorbimento incondizionato quanto inconsapevole.

Intorno ai 5 anni si conclude infatti il periodo sensitivo del linguaggio.

Giochiamo a parlare

Il fatto che il linguaggio si realizzi facilmente e in modo ricco per tutti i bambini è un discorso di giustizia di base che siamo ben lontani dal realizzare. Eppure è essenziale per la storia di ciascuno.

L'ambiente intorno al bambino nei suoi primi anni ne è responsabile: la casa, l'asilo-nido, la scuola infantile.
I genitori devono essere osservatori attenti (ma non preoccupati, per piacere!) Intanto, bisogna assicurarsi *fin dai primissimi mesi* che il bambino senta bene (se reagisce anche a suoni minimi senza vederne la fonte), che risponda con movimenti del corpo a musiche dolci, al canto anche sommesso, che emetta suoni e che i suoi vocalizzi siano variabili d'intensità e di tono.
Ma succede anche che, se il bambino è troppo solo (se gli adulti sono indifferenti a lui, per esempio in un ospedale o in un istituto permanente) o se è bloccato emotivamente (per esempio, perché ha subìto troppi e improvvisi cambiamenti), al punto di chiudersi verso l'esterno, non impara a parlare o parla malissimo, esattamente come se fosse realmente sordo.
Se l'ascolto di suoni o la comunicazione sono nulli, l'individuo non può parlare (è il caso infatti di taluni bambini autistici).

Sordità reale o apparente?

È molto importante, anche se non facile, stabilire l'effettiva natura di una sordità che può essere reale o apparente.
Nel primo caso si può ricorrere all'uso precoce di piccole protesi auricolari che consentono al bambino di mettersi in comunicazione uditiva con l'ambiente e imparare a parlare normalmente (purché il tutto avvenga nei primi 3 anni di vita).
Il secondo caso, invece, è un problema delicatissimo di rapporti e di comunicabilità con un bambino in profonda sofferenza psichica, che una protesi danneggerebbe gravemente.

Diamo ai figli le risposte che aspettano

In conclusione, cerchiamo di dare per tempo ai nostri figli quelle risposte che essi si aspettano: il giocare a parlare insieme, il dialogare interessandosi ai loro veri problemi, alle mute richieste ai messaggi nascosti sotto le parole (non l'interrogatorio quotidiano, s'intende!) è la più bella prova del nostro amore per loro.

Ricordiamo che la televisione, con tutto il suo fiume di discorsi e di immagini, è all'opposto di questo: è la droga più pericolosa per loro ed è la morte del dialogo per noi; può a volte essere utile, a livello di informazione, ma va usata in dosi minime e non certo prima dei 6-7 anni!

La deprivazione nei rapporti che oggi il bambino subisce per la sciatteria degli adulti (che credono di aver fatto tutto per lui quando lo hanno nutrito, lavato e carezzato per un po') porta, per tutte le ragioni fin qui dette, a difficoltà non indifferenti sul piano del linguaggio e della comprensione reciproca.
Il dialogo esige disponibilità, calma, anche se il tempo è poco, fiducia da parte dell'altro, certezza di essere accolti per quel che diciamo e per come lo diciamo.
Sappiamo fare questo per i nostri bambini?

All'asilo-nido

«Lo porto all'asilo perché sono costretta ad andare a lavorare, altrimenti lo terrei a casa.»
Questa frase, che fino a una ventina d'anni fa era di frequente riferita alla scuola materna, oggi viene detta a proposito dell'asilo-nido, secondo lo scontato presupposto che *comunque* il bambino stia meglio in casa.

La famiglia non è sempre un ambiente ideale

È questo 'comunque' che è da mettere in discussione: se la famiglia è per il bambino un luogo chiuso, privo di scambi, con adulti poco disponibili verso di lui perché assorbiti dal lavoro domestico o domiciliare, stanze poco favorevoli al gioco, all'esplorazione (non c'è spazio, ci sono pericoli...), il bambino di sicuro non ci vive bene.

Lo slogan: «Meglio la peggiore famiglia che il migliore degli istituti» è un esempio della più deteriore demagogia: ho visto in taluni istituti bambini curati come figli e seguiti amorosamente nello sviluppo psico-fisico come di rado in famiglia, e per contro bambini dopo anni di affido presso 'buone' famiglie carichi di odio, di dolore, incapaci di essere attivi e autonomi.

Stiamo attenti a non generalizzare: la famiglia in quanto tale non è affatto un'istituzione sana.
Spesso le nevrosi individuali si sommano in una follia comune, per cui si diventa scambievolmente e a turno vittime e persecutori.
Situazioni aggravate dalle pressioni ambientali, dalla preca-

rietà del lavoro, dagli stimoli al consumo e alla ricerca di sicurezze materiali sempre maggiori, secondo un modello competitivo che sembra non avere limiti.

Portare il bambino all'asilo-nido o tenerlo in casa?

Il problema maggiore sembra essere la difficoltà da parte degli adulti di leggere obiettivamente nella propria situazione, di diagnosticare per esempio l'isolamento in cui il bambino vive, la sterile ripetitività di certi conflitti, lo stato di fuga perenne da se stessi. Ci si lamenta di continuo oggi delle difficoltà materiali del vivere quotidiano. È vero, ma rispetto a quale metro?

Ci sono situazioni di agio economico (in casa, per esempio, lavorano in quattro) malgrado le quali il bambino viene lasciato all'asilo-nido anche 10 ore: spesso non è traumatizzante tanto l'esperienza in sé, quanto la lunghezza della separazione da casa e la scarsa disponibilità degli adulti verso di lui al suo rientro!

Ci sono genitori che fin dalla gravidanza prenotano il posto all'asilo-nido per portarvi il figlio già a 3 mesi o prima, se possibile. In altre famiglie, invece, si preferisce sballottare il bambino tra una baby-sitter inesperta e una nonna stanca e brontolona, pur di tenere il piccolo in casa.

Non c'è dubbio che il lattante avrebbe bisogno di trascorrere in pace e senza grossi cambiamenti almeno il suo primo anno di vita. Per esempio, il divezzamento precoce a 2-3 mesi, che in apparenza facilita l'ingresso nell'asilo-nido, non risponde ai bisogni di stabilità e di nutrimento naturale. Sappiamo che si tratta di una moda indotta dalla pressione dei fabbricanti di latte in polvere e dalle leggi che un tempo non tutelavano la madre lavoratrice. Ma oggi la situazione è diversa: per vivere bene il suo primo anno, il bambino ha soprattutto bisogno di una madre contenta, soddisfatta di stare con lui, di allattarlo per mesi, e non, come spesso accade, in continuo lamentìo circa il sacrificio che questo le costa, la voglia di tornare al lavoro, la noia dei pannolini e dei poppatoi e così via.

I sentimenti ambivalenti

I sentimenti ambivalenti che la donna prova verso il figlio sono una realtà anche quando la madre è interessata ad accogliere le richieste del bambino, a seguirne lo sviluppo; figurarsi poi se, per la sua storia personale, non è sensibilizzata alle necessità infantili.
Niente intorno l'aiuta a realizzarsi anche nel bambino, a capire che cosa significhi concretamente volergli bene, farlo crescere sano in senso lato. Il lavoro fuori di casa le appare almeno più reale.
Oggi le leggi consentono alle madri di stare di più con i bambini, ma non sempre esse ne approfittano, né ha senso colpevolizzarle con facili psicologismi.

La soluzione consiste nel costruire la felicità di un rapporto che ha luci e ombre, ma che può diventare tanto più accettabile per quanto meno è vissuto in modo privatistico ed esclusivo: la madre con il bambino, l'uomo e la donna con il bambino, i nonni, la coppia, il bambino... la famiglia nucleare, il clan famigliare, tante casettine, tante cucinine, tante stanzettine più o meno simili, tanti bambini soli...
Immagino l'infanzia di 30-40 anni fa (e oltre, si intende) con le piazze, i cortili in cui bambini giocavano insieme con altri; giochi cantati, o azioni drammatiche ormai dimenticate, in cui il piccolino aveva comunque uno spazio accanto ai più grandi e partecipava a esperienze più allargate.

La diffidenza dei genitori

Oggi negli asili-nido e nelle scuole infantili i bambini vivono a lungo con il gruppo dei coetanei, separati dal lavoro reale dei loro genitori. Vivono in modo asettico e isolato, anche se in ogni caso più ricco della 'casettina' dove i pavimenti e gli oggetti sono più importanti dei suoi bisogni di contatto e di esperienza (ma poi all'asilo-nido gli è consentito esprimerli?)

Gli adulti provano sentimenti di colpa nell'affidare il bambino ad altri anche perché non riescono a trarre dalla presenza del figlio tutto il piacere e l'abbandono che questi esigerebbe, e perché sono diffidenti, spesso non a torto, verso l'istituzione. In fondo vivono male il fatto che il bambino rimpianga l'asilo-nido o la scuola o che la sera, dopo una lunga giornata lontano dai famigliari, sia così preso dal gioco da non buttarsi di colpo nelle loro braccia.

In realtà non si rendono conto che il bambino è sempre calato nella situazione concreta che sta vivendo: se è felice e concentrato in un'attività, il legame di dipendenza passa momentaneamente in seconda linea, e questo è assai positivo.

L'adulto dovrebbe goderne come di un grosso segnale di crescita, perché il cordone ombelicale della reciproca presenza tende a scomparire e si avvicina il tempo in cui il bambino potrà vivere bene anche lontano da casa.

Il ricatto affettivo

Sono i piccoli voli da incoraggiare, e invece no, ecco il ricatto: «Non vuoi più bene al tuo papà... Su, su, lascia tutto e andiamo a casa», e se l'educatrice interviene pregando il bambino di rimettere a posto, è facile che nasca un conflitto per lui, diviso tra l'accettazione di una norma (il 'sì' alle regole della scuola) e la pressione dei genitori.

Ecco una madre che ride quando all'uscita dall'asilo-nido il bambino piange rivedendola, quasi fosse una conferma d'amore.

Un genitore venuto a visitare la scuola per la prima volta, con il figlio di 3 anni che ora non vuole più andar via, gli dice che la mamma a casa piangerà, così sola. Ma il piccolo, interessatissimo a osservare un gruppo di coetanei che prepara i biscotti, non si muove, non sembra ascoltarlo. Il padre aggiunge che certamente, se non si sbrigano, non la troveranno più a casa. Il piccolo a questa minaccia abbandona rassegnato la cosa che tanto lo interessa.

In questi comportamenti, l'adulto mostra tutta l'ambivalenza di un amore che passa per autentico, mentre è alquanto ricattatorio.

Da un lato la necessità di lasciare i figli, dall'altro la voglia di non lasciarli; poveri genitori in confusione, e poveri bambini-valigia, depositati con sensi di colpa al mattino, ritirati di pomeriggio, all'ora casuale che fa comodo agli adulti, i quali comunque esigono dal piccolo pronta risposta affettiva, visto che sono i genitori!

Una visione più ampia di 'servizio sociale'

La diffusione degli asili-nido di per sé non colma questi vuoti: è essenziale che siano ben fatti, vitali, che stimolino positivamente e il bambino e gli adulti, anche se non possono sostituire la stabilità dei legami famigliari. È comunque significativo che un po' ovunque si verifichi un grosso fermento innovativo: sempre più si va superando l'ottica assistenziale per una visione più ampia di servizio sociale che in primo luogo attui consapevoli scelte psicopedagogiche. Anzi, il ritorno di rigide norme sanitarie è vissuto dalle educatrici e dai genitori come fortemente castrante.
Emerge la necessità, per far bene un lavoro così delicato, di recuperare un contatto con se stessi, con la propria corporeità, per capire quella di bambini così piccoli, ma anche di verificare con gli altri del gruppo vissuti, difficoltà, pregiudizi che da sempre sono di ostacolo alla relazione con l'altro.
Al rapporto conflittuale con una madre sempre scontenta, è preferibile la frequenza in un asilo-nido dove il bambino, soprattutto dopo i 7-8 mesi, possa trarre vantaggio dall'incontro sia con altre figure a volte più disponibili degli stessi famigliari, sia con altri bambini.
L'interazione nel gioco, il 'fare' accanto a un coetaneo lo condurranno gradualmente a un piano di realtà che completerà poi nell'arco dei primi 6 anni di vita.

Quale asilo-nido?

Certo è essenziale che l'asilo-nido sia bene organizzato, preparato e condotto in funzione dei bambini di questa età.
Le prime esperienze di vita sociale, di separazione dalla famiglia possono avere un'enorme incidenza: per esempio, sopperire a una situazione domestica deficitaria, arricchire affetti-

vamente un bambino troppo solo o troppo al centro dell'attenzione famigliare.
Possono stimolare potenzialità insospettate e rendere il bambino indipendente nelle semplici azioni che lo riguardano come mangiare, vestirsi e spogliarsi, andare al gabinetto, lavarsi le mani.

Il clima

Però ritorno al punto nodale: il clima dell'asilo-nido. Non bastano adulti festosi e sorridenti. Occorre da parte loro, come da parte dei genitori, una chiara consapevolezza dei bisogni infantili di questa età *così diversa da tutte le altre.* I modelli della scuola da 3-6 anni e da 6 a 10 anni non possono minimamente servire: bisogna inventare altro, partendo dall'osservazione minuta delle reazioni infantili dai primi mesi ai 6 anni. Ecco alcuni spunti.

- *Il bisogno di ritrovare stabilmente persone, cose, ambienti.*

Osservate l'angoscia che il bambino piccolo manifesta a taluni mutamenti improvvisi: il bagno fatto in modo o in luogo insolito; il letto nuovo in vacanza; la mamma che esce; cambiare abito; tagliare i capelli; la visita del dottore; uno spostamento di mobili o di oggetti in casa... Reagisce con pianti, insonnia o addirittura si ammala se dal *suo* punto di vista la perdita è gravissima.
No, non si tratta di capricci, ma di reazioni *sane*, legate all'età. Egli si difende come può dal cambiamento improvviso che gli fa perdere i punti di riferimento: «Chi sono?... Dove sono?»

In qualche modo non si riconosce più. Del resto è un bisogno temporaneo.
Sta attraversando il 'periodo sensitivo dell'ordine', secondo il termine coniato da Maria Montessori, o, per maggiore chiarezza, dell'*orientamento.* Mostra forte sensibilità alla sistemazione topografica delle persone e delle cose nell'ambiente rispetto alle proprie esperienze corporee e sensoriali, all'andamento ritmico delle abitudini che lo riguardano.

Tipica dei primi 3 anni, tale manifestazione si attenua via via fino a scomparire. Se il bisogno è stato soddisfatto, subentra la capacità di adattarsi senza difficoltà ai cambiamenti. In caso contrario ogni innovazione futura altererà dalle fondamenta un equilibrio che rimane incerto per non aver trovato risposta a necessità vitali.

- *Il bisogno di conoscere cose nuove e di esplorare.* Può sembrare contraddittorio rispetto al precedente, eppure è altrettanto urgente nel bambino da 0 a 3 anni. Non c'è dubbio che egli si muova tra questi due poli: continuità ed esplorazione nel nuovo. Si può osservare per esempio come nel bel mezzo di un pianto disperato dovuto all'uscita del genitore, smetta di colpo allorché scopre un oggetto nuovo o un modo nuovo di usarlo!

- *Il bisogno di ripetere le esperienze e di concentrarsi su di esse.* Gettare e riprendere, salire e scendere, infilare e sfilare, riempire e vuotare, 10, 20, 30 volte... È un ripetere essenziale perché fissa la scoperta, la incarna. Mentre agisce, il bambino si concentra profondamente, usa la sua attenzione fino a dimenticare l'ambiente circostante.
La *concentrazione*, che è reazione spontanea a un profondo interesse, diventa potente mezzo di crescita. Eppure è del tutto sottovalutata, sia dai genitori sia dagli educatori. La mancanza di rispetto nei confronti del bambino si può constatare infatti nella disinvoltura con cui si interrompe l'attenzione, il gioco del bambino. La distrazione è un mezzo usuale per far fare ai piccoli ciò che si vuole!

- *Il bisogno di autoregolarsi e di agire in prima persona.* Il neonato 'sa' quanto succhiare, quando dormire; il bambino di 15 mesi mangia più volentieri se può farlo da solo; ha un valore ben diverso un disegno tutto suo o colorare la casetta fatta dalla madre...

- *Il bisogno di sperimentare la propria posizione egocentrica del 'tutto e subito'.* È ciò che avviene nel primo e secondo anno per passare gradualmente a percepirsi come parte della realtà, accettando via via l'attesa, la condivisione di oggetti e di persone con altri, la separazione, il prima e il poi. Inutile e dannoso l'anticipare, l'esigere se il bambino non è pronto: non può fare salti nella percezione gradualissima della realtà. Il suo senso di sicurezza, di equilibrio interno, di fiducia negli altri è strettamente determinato dal modo con cui gli adulti, che vivono con lui, ne tengono conto.

In base a questi bisogni comuni a tutti i bambini piccoli e ad altri più individualizzati che si scoprono via via, gli adulti possono orientare positivamente il loro lavoro nell'asilo-nido.

Alcuni criteri 'ideali'

- *Occorrono educatori che abbiano fiducia nelle possibilità dei bambini*, li proteggano quanto basta ma ne favoriscano l'indipendenza; che siano capaci di osservare, ma elastici nella comprensione dei fatti, senza buttarsi a interpretare, a etichettare, a giudicare; che, persuasi dell'alto valore sociale della loro scelta di lavoro, si muovano in conseguenza.

- *Ci deve essere un rapporto stretto e stabile tra adulti e bambini*: considerato, per esempio, che un asilo-nido su misura dei bambini di questa età non dovrebbe essere troppo affollato (fino a 40-50 bambini), potrebbe risultare valida la seguente proporzione, non sempre facile da attuare:

– 1 adulto ogni 3 bambini da 3 a 8 mesi;
– 1 adulto ogni 4 bambini da 8 a 15 mesi;
– 1 adulto ogni 5 bambini da 15 a 24 mesi;
– 1 adulto ogni 6 bambini da 24 a 36 mesi.

Un rapporto così ravvicinato tra grandi e piccoli, sperimentato per esempio negli asili-nido gestiti da personale montessoriano a Roma (*si vedano* le esperienze del Centro Nascita Montessori) e oggi in molti asili-nido comunali, consente di salvaguardare per *ciascun* bambino il massimo di protezione, pur essendo in una situazione collettiva.

Questo è fondamentale sia dal punto di vista del contatto corporeo e dell'attenzione individualizzata ai bisogni, sia *per il linguaggio* che non può svilupparsi in una situazione generica di ascolto, ma soltanto nel rapporto a due o a tre, l'unico che un bambino al di sotto dei 15 mesi possa realmente percepire. Naturalmente è anche importante che i vari gruppi di età, pur essendo stabili, non siano rigidamente divisi, organizzati in modo da favorire scambi e conoscenze reciproche, soprattutto se incoraggiate dalla struttura muraria dell'asilo-nido.

- *Gli ambienti dovrebbero essere piccoli, raccolti*, ben suddivisi, ma comunicanti fra loro, non molto alti, privi di rimbombo, non dispersivi (i saloni rispondono alle esigenze di tenere molti bambini con poco personale per farli giocare tutti insieme, ma non soddisfano affatto i bisogni di questa età!)

- *Dev'essere disponibile una ricchezza di materiali adatti* che consentano ai bambini di sperimentare i loro sensi, le loro abilità; pochi, ben scelti, disposti alla loro altezza con cura, in modo che possano prenderli da soli in qualunque momento, in quel vagabondare esplorativo che caratterizza la prima età.

- *È importante che ci sia la possibilità di giochi con l'acqua*, con la sabbia, con la creta, con i colori, eccetera. Non pittura, ma manipolazione; non far finta di cucinare, ma toccare, impastare, sentire con la pelle; travasare a ripetizione secondo la modalità tipica di questa età; non solo lavarsi o essere lavati, ma scoprire l'acqua, abbandonarsi al piacere che essa comunica.

- *Occorre favorire scambi liberi tra i bambini di varie età*, assicurando ai più piccoli zone di protezione, ma anche la possibilità di 'gattonare' in mezzo ai più grandicelli e viceversa.

- *Va curata l'organizzazione del pranzo*, dei servizi, dell'ingresso e dell'uscita, in modo che i bambini, via via che sono pronti per farlo, possano agire da soli. Il cibo come esplorazione e conoscenza, come mezzo di rapporto con altri. L'uso del gabinetto come mezzo di scoperta corporea individuale, come prevenzione di pregiudizi sessuali.

- *La suddivisione dell'orario di lavoro degli adulti* deve poter consentire:
– verifiche settimanali nel gruppo di lavoro;
– incontri periodici con i genitori;
– tempi per costruire e inventare oggetti per i bambini o per verificare le sistemazioni ambientali. Questo aspetto creativo è molto importante: è un 'fare in prima persona' degli adulti, che induce un continuo e spontaneo ripensamento del rapporto con i bambini e la ricerca di stimoli adatti; che aiuta anche a superare quei fenomeni di regressione così frequenti nel lavoro con i piccolissimi.

La realtà, oggi

Nella prassi attuale persistono molti punti negativi; per esempio:

- *la permanenza troppo prolungata del bambino all'asilo-nido*: la durata ideale sarebbe di 4-5 ore al massimo, mentre si protrae fino a 8 e persino 10 ore;

- *l'inserimento brusco, improvviso.* Occorre invece un ambientamento graduale di almeno 15 giorni (in principio solo per 1-2 ore, allungando i tempi con la presenza di un genitore o qualcun altro di casa) condotto con una persona dell'asilo-nido, sempre la stessa, non tanto con rassicurazioni verbali, quanto con la mediazione di oggetti o di attività interessanti;

- *le situazioni di noia*, di 'intruppamento', provocate da adulti che portano all'asilo-nido atteggiamenti malati di scolasticismo e che si prefiggono di 'far fare' anziché offrire oggetti adatti e proposte indirette sistemate nell'ambiente, sulla misura dello sviluppo infantile;

- *la separazione rigida dei bambini* per livelli di età (lattanti, divezzini, divezzi), anziché organizzare gruppi misti sul modello famigliare o comunque favorire indirettamente gli scambi;

- *la scarsa attenzione alle relazioni tra i bambini* di uguale o di diversa età che invece potrebbero essere esperienza fondamentale nell'asilo-nido e compenso costruttivo alla separazione dalla famiglia. In età precoce il bambino comincia a scoprire il piacere di entrare in contatto con il compagno vicino, lo differenzia dagli altri 'oggetti' animati e inanimati, lo va a cercare, lo tocca, entra con lui in giochi di imitazione e di conoscenza reciproche che lo stimolano a ulteriori esplorazioni;

- *l'assenza di uomini nell'asilo-nido*, controproducente per i bambini in modo diretto e indiretto, nel senso che essi subiscono la povertà e gli schemi tipici di ogni gruppo di lavoro omogeneo per sesso. I rapporti tra le educatrici sono spesso convenzionali, data la fissità dei ruoli femminili, soprattutto nel contatto con i bambini molto piccoli. D'altro canto non si valuta a sufficienza quanta regressione induca negli adulti un lavoro di questo genere esercitato per 7-8 ore al giorno. Un ricambio frequente nel senso della ricerca, della verifica di gruppo, tanto più ricca se è misto anche per genere, è essenziale per non cadere in rapporti sterili e in infantilismi deteriori, sia con i bambini sia tra gli stessi adulti;

- *l'anticipazione di attività tipiche della scuola materna* che puntano sul risultato, quale che sia, da appendere al muro, da mostrare ai genitori, ignorando le scelte reali di questa età, le modalità elaborate dal bambino singolo per agire a suo modo;

- *la scarsa attenzione alla contemporaneità di cambiamenti nella vita del bambino*. Per esempio, l'inserimento nell'asilo-nido subito dopo un ricovero ospedaliero o a divezzamento appena avviato, oppure subito dopo la nascita di un fratello;

- *l'eccesso di schematismi circa i livelli di sviluppo* che il bambino dovrebbe via via raggiungere: di qui la leggerezza con cui si parla di difficoltà, di ritardi, spesso allarmando inutilmente i genitori;

- *gli ambienti, anche nuovi, troppo vasti*, troppo alti, inadatti a bambini così piccoli che cercano, appena possono, lo scatolone in cui chiudersi, l'angolino tra la parete e l'armadio in cui nascondersi magari in due o tre: la cuccia, il luogo raccolto, anche buio, in cui stare da soli o con un compagno. Nell'ultima nidiata di gattini ho osservato che a un mese di vita preferivano mettersi tutti insieme in una ciotolina, uno sull'altro, anziché nella cesta ampia dove fino ad allora la madre li aveva sempre allattati. Bisogno di calore, di contatto, di sicurezza, ora che la madre non è sempre lì con loro come prima? E quante volte si osservano comportamenti analoghi nei bambini?

L'asilo-nido come istituzione

Questi aspetti negativi fanno ancora dell'asilo-nido un'istituzione, cioè un'entità che prescinde dai bisogni dei suoi primi fruitori che sono i bambini per rispondere piuttosto alle esigenze di lavoro dei genitori o degli educatori.
Eppure, essendo di solito piccola, potrebbe trasformarsi facilmente in casa, luogo amichevole e protetto che ai rapporti affettivi aggiunga la razionalità di chi ne rivede di continuo fini e mezzi.

Detto questo, è chiaro che anche i genitori devono farsi carico del buon andamento dell'asilo-nido, nel senso di comunicare i bisogni dei figli senza ossessività, di tenersi informati e di verificare di persona che cosa succede, collaborando con gli operatori nei molti modi possibili.
Si può cominciare intanto durante il primo ambientamento e poi al mattino e la sera, quando cambiano il bambino, e, se hanno tempo (ogni tanto, se si vuole, si trova!), parlano con il personale, vestono un altro piccolino, sentendosi in tal modo anche genitori di altri.
Se vogliamo assicurare ai nostri bambini serenità e capacità di adattamento dobbiamo cominciare noi a uscire da una mentalità privatistica che fa vivere male il servizio sociale.

La scuola

Un tempo si credeva che intelligenza, volontà, attenzione fossero beni innati e inalterabili; oggi abbiamo capito che la cosa non è così semplice.
Un bambino di intelligenza vivace e di grande memoria può essere incapace di fare, di concludere, solo perché la solitudine affettiva in cui si trova o i traumi subìti confondono le sue reali possibilità.
Per contro, un bambino affetto da mongolismo, ma stimolato nella sua indipendenza personale e bene inserito in famiglia, può essere capace di scegliere, di lavorare, di portare a termine ciò che fa con una buona stima di sé.

Un condizionamento inevitabile...

Si sa bene che un bambino insicuro, passivo, tutto preso da fantasticherie presenta spesso difficoltà di apprendimento e di attenzione a scuola allo stesso modo di un bambino che mostri di continuo la sua aggressività come un animaletto ferito e spaventato.
La presenza degli altri, lo stare insieme può avere un valore enorme nell'esperienza infantile se al bambino è garantita la stabilità dei legami. Oggi sappiamo con certezza che non si nasce pigri o aggressivi, creativi o spaventati, timidi o distratti, ma che si assume l'uno o l'altro di questi 'abiti' con i condizionamenti ambientali che s'innestano su una costituzione bio-psichica, su un corredo ereditario, su un'individualità ben precisa, ma che hanno comunque un enorme potere formativo. Ecco dunque che, fin da piccolissimo, il bambino si modella sui nostri messaggi: è una legge naturale da cui non si sfugge. Maria Montessori parlava di 'mente assorbente'!

Siamo dunque noi, *tutti* gli adulti che ruotano attorno al bambino, a determinarne il comportamento anche al di là della nostra consapevolezza. Egli assorbe tutto di noi: disponibilità e chiusura, grandezza e meschinità, e tutto trasforma a suo modo, in un'alchimia misteriosa che non finisce mai di sorprenderci.

...che però deve essere multiforme

Ora, se il condizionamento è inevitabile, è però importante che sia il più multiforme possibile, e per questo occorre che la famiglia si apra, che il bambino esca da essa, incontri altri, per esempio all'asilo-nido, auspicabile in molti casi, o poco più tardi nella scuola infantile che da 3 a 6 anni diventa esperienza di basilare importanza.
È il tempo in cui il bambino comincia ad accettare il mondo intorno a sé; manifesta curiosità, bisogni motori; sa correre; le sue mani possono essere già molto abili e chiedono nuove attività interessanti.

È il tempo prezioso dell'esplorazione del linguaggio: parole nuove lo incuriosiscono, vuol sapere i nomi delle cose e poco più tardi i 'perché'. Ama le filastrocche e le canzoni ripetute, vuole sentir ripetere una storia tante e tante volte, sempre la stessa, con le stesse parole...
Con questa effervescenza di interessi, ma anche con il timore di separarsi dalla famiglia, il bambino va alla scuola materna, oggi tappa obbligata di un primo inserimento nel sociale. Ma quale spreco di preziose energie invece si verifica!

Uomini nella scuola infantile

Intanto, su questo aggettivo 'materna', retaggio di una concezione suppletiva e maternalistica, ci sarebbe molto da dire: avalla l'idea che la donna sia, in quanto tale, educatrice ideale, e che l'uomo, proprio perché maschio, come per un'assurda rivalsa contro il maschilismo di sempre, sia inabile a occuparsi di bambini piccoli, in particolare a maneggiare i loro corpi

(dalla scuola materna statale, per esempio, gli uomini sono stati finora esclusi, malgrado varie esperienze, più che positive, in scuole materne comunali): «Ma te lo immagini, un uomo che lava un culetto!»
È con pregiudizi di questo livello che si depauperano bambini e adulti d'una esperienza sociale oggi tanto più importante per quanto più si verificano la dissolvenza della famiglia e la lontananza del maschio dalla costellazione domestica, così faticosamente occupato a farsi posto nel mondo da non riuscire a stabilire contatti ravvicinati con la sua compagna e i suoi figli.

Questa duplice svalutazione dell'uomo e della donna quali educatori della prima infanzia si ripercuote anche nelle età successive, per cui l'uomo entra volentieri in un ruolo pedagogico solo se ha a che fare con ragazzini e adolescenti, con i quali può adoperare a pieno titolo *la parola* come mezzo privilegiato di comunicazione.

Viceversa si ritiene che la donna sia colei che sa usare anche altri strumenti: *l'affettività, la sensibilità, il corpo stesso.*
In realtà non è così: ci sono puerpere che hanno paura di toccare i loro neonati, madri che a stento riescono a superare il senso di schifo che provocano in loro il vomito o le feci del lattante. Non lo ammetteranno mai perché 'indegno' di una madre, mentre è lecito all'uomo affermarlo e trarne un alibi per non toccare il bambino.
In effetti, se una donna decide di lavorare in una *nursery* di ospedale o in un asilo-nido, dovrà imparare il mestiere, esattamente come l'operaia davanti a un telaio o il programmatore alle prese con l'ultimo modello di computer. Un vecchio proverbio meridionale dice: «Nessuno nasce imparato», e questo è verissimo in ogni situazione, incluse quelle più specificatamente educative.

Il vantaggio offerto da una situazione eterosessuale, più simile alla naturale condizione della vita umana, suggerirebbe di rovesciare la situazione studiandola anche dal punto di vista

sindacale riservando, per assurdo, in ogni asilo-nido o scuola infantile, alcuni posti per gli uomini.
Anzi, il fatto di essere maschio, insieme con comprovate qualità psicopedagogiche, dovrebbe costituire entro certi limiti titolo preferenziale, così come si dovrebbe fare al contrario per le donne in mestieri esclusivamente maschili.

Chi è preparato a 'educare'?

Riguardo alle 'qualità pedagogiche', tutte da valutare, sono ancora scarsamente prese in considerazione per gli uomini come per le donne. È argomento che i sindacati non hanno finora voluto affrontare, preferendo dare la priorità alla sicurezza del posto di lavoro anziché alla professionalità.

In effetti gli educatori, una volta entrati dopo penose vicissitudini nei ruoli dello Stato, delle pubbliche amministrazioni, sono inamovibili, ma proprio per questo occorrerebbe un minimo di verifica intelligente a priori sulla scelta professionale, e in seguito un continuo sostegno al loro difficile compito con un progetto di *formazione permanente*, a qualsiasi livello operino. Le esperienze degli *stages* residenziali CEMEA (Centri di Esercitazione ai Metodi dell'Educazione Attiva) sono in merito assai significativi.

Il 'pezzo di carta' non basta

Di fatto è illusorio che un maestro, un professore, una puericultrice siano preparati solo perché hanno uno o più diplomi o anche una laurea, e che continuino a esserlo per il resto della loro carriera senza ricaricarsi mai. D'altronde si sa che il 'pezzo di carta' corrisponde di rado a una reale competenza, e che questa si costruisce sulla pelle dei bambini, cavie loro malgrado.
Inoltre ci sono persone nevrotiche, ossessive, depresse, sadiche, del tutto inadatte a stare con loro e tuttavia insindacabili nei loro comportamenti malati. Nessuna azienda metterebbe a una fresatrice un operaio inesperto, né consegnerebbe un congegno di alta precisione al primo che passa. Ma perché si

affida con leggerezza un bambino a persone inadatte soprattutto sul piano della conoscenza di sé e dell'altro?
Sarebbe importante che per esempio i neodiplomati attuassero serie esperienze di tirocinio in scuole se non d'avanguardia, per lo meno disposte alla ricerca, secondo il principio 'dell'imparare facendo' che ha segnato per secoli l'apprendistato nelle botteghe d'arte o di artigianato e che oggi si pretende di sostituire con scuole libresche, staccate dalla realtà sociale e individuale.

Di fronte a queste constatazioni, comuni fino alla banalità, molti educatori per primi si mettono in discussione, al fine di costruire sul campo la loro professionalità e soprattutto la coerenza tra il lavoro e la propria persona. Della scuola oggi ci lamentiamo tutti, da quella per la prima infanzia fino alle superiori. I suoi sono mali antichi, nati da ideologie che tendono a sottomettere anziché a liberare, a coartare anziché a stimolare lo spirito critico e la creatività.
Abbiamo una scuola scadente che corrisponde a una società malata, ma la società è così anche a causa della scuola, incapace fin dalla base di concorrere alla formazione degli individui. Il diffondersi della droga e della delinquenza minorile sono legati anche a una pedagogia fallimentare che annoia, depaupera, spreca le potenzialità dei giovani.

I mali annosi della scuola oltre i 6 anni

Vogliamo elencare alcuni dei suoi mali più evidenti, tuttora irrisolti?

- *Frantuma la persona*, nel senso che, nel corso delle attività scolastiche, non riesce a tenere unite le esigenze somatiche a quelle psichiche. Espone quindi l'individuo a una sorta di scissione assai negativa. Si sopravvive, ma a che prezzo? Molti disturbi psicosomatici, legati a un rapporto anomalo con i genitori, si rafforzano sotto i colpi di un'istituzione che, sopravvalutando i risultati razionali, ignora i fatti emotivi, le paure, gli interessi concreti dei singoli bambini.

- In ogni ordine e grado, *si punta sull'apprendimento*, sul lavoro della testa, e non sulla globalità dello sviluppo. Anche quando si introducono attività espressive (musicali, grafiche, gestuali, artigianali), si tratta di 'materie' in sott'ordine, staccate dal lavoro di classe.

- Il *clima*, a tutti i livelli, continua ad essere quello *del giudizio, del confronto, della competizione*. I risultati sono più importanti della persona; la 'bella figura' più della qualità dei rapporti. Gli allievi sono costantemente messi gli uni contro gli altri (il clima è dunque violento anche se non si usano più mezzi palesemente coercitivi!)

- *Seleziona e non nutre*: alla decimazione vistosa con le 'bocciature', oggi in declino solo apparente, è subentrato l'abbassamento del livello culturale al grado minimo, conservando però un linguaggio difficile, da 'addetti ai lavori', che esclude i poveri di lingua, come già a suo tempo aveva denunciato don Lorenzo Milani. Basta confrontare i testi della scuola media inferiore con quelli modesti, banali delle elementari per rendersene conto.

- *Aggrava le differenze sociali*, nel senso che non fa nulla per stabilire quella giustizia di base che sarebbe un linguaggio ricco per tutti, attraverso una scoperta del leggere e dello scrivere nel primo ciclo delle elementari che non sia fine a se stessa, ma soprattutto piacere di comunicare, di sapere, di informare.

Sotto questo aspetto, asilo-nido e 'prima scuola' sono estremamente importanti: se sapessimo nutrire adeguatamente di parole e di dialoghi i bambini da 0 a 6 anni, attraverso un 'fare' al loro livello reale, avremmo minori disuguaglianze culturali nelle età successive, e quindi più facilità di scambi e di apprendimento. Tuttora la povertà del 'codice' è l'*handicap* numero uno delle classi sociali svantaggiate: non ci si rende conto che tale divario, proprio per le leggi dello sviluppo, non può essere colmato che *entro i 6 anni* con una scuola su misura, e non sarà certo un anticipo libresco a superarlo!

• *Si fonda sulla frattura tra i vari ordini*; per il bambino, il ragazzo, lo sviluppo è un fatto continuo, un processo inarrestabile. Invece ogni passaggio a una scuola di grado superiore è segnato da un inserimento più o meno traumatico e quindi inizialmente regressivo, in cui l'individuo perde i suoi punti di riferimento, dovendo adattarsi di colpo a un linguaggio e a comportamenti nuovi imposti dall'esterno.
Tuttavia i responsabili dei vari settori si ignorano fra loro e si accusano reciprocamente dei risultati scadenti, senza contare che i primi danni sono stati fatti alla nascita e nel periodo iniziale della vita nella scissione tra ospedale e casa, tra asilo-nido e famiglia.
Le differenze di trattamento economico e l'atteggiamento corporativo dei vari ordini scolastici aggravano ovviamente il problema, fanno perdere di vista la realtà dei bambini, la *lunga infanzia umana* (Montessori) che di per sé richiederebbe, pur nei cambiamenti necessari per lo sviluppo, una continuità di fondo legata al rispetto profondo della persona.
E che dire del termine 'scuola dell'obbligo'? Quale cupo burocrate ha potuto inventare una definizione tanto pesante, malgrado le buone intenzioni? *Obbligo*, appunto, e non *piacere*!

• Si continuano ad alleggerire i programmi, a eliminare le cosiddette materie difficili o parti di esse (il latino, l'analisi logica, la scrittura, l'imparare a memoria una poesia) senza *mai sottoporre a critica le metodologie usate*. Si vogliono introdurre precocemente i computer senza tener conto che il bisogno di agire di bambini e ragazzi non può essere ridotto a spingere i bottoni di una tastiera! Eppure, offrendo strumenti intelligenti, come per esempio il corredo montessoriano per la 'psicoaritmetica' o per la 'psicogrammatica', o i regoli Gattegno per la nuova matematica, si scopre che perfino l'analisi logica può essere appassionante; che i bambini si divertono da soli a elaborare scorciatoie mentali per il calcolo o che arrivano senza fatica ad astrarre complesse regole geometriche. Viceversa, l'insegnamento verbale uguale per tutti nega la possibilità di 'imparare facendo' e secondo un ritmo personale.

• *La classe è tuttora un ambiente composto esclusivamente di tavoli, sedie, libri, quaderni e lavagne.* Per di più oggi imperano, dai 3 agli 11 anni, le ignobili schede! Solo in alcune scuole infantili o in rare classi elementari attive ci si preoccupa di vitalizzare l'ambiente; di offrire varietà di proposte, libri alternativi ai testi scolastici, tavoli facilmente spostabili secondo le necessità dei singoli o del gruppo, tappeti per lavorare a terra. Chi riuscirà a levare ai docenti la cosiddetta 'lezione fronte/bambino'?

• Da tutto questo discende *l'isolamento del 'diverso'* che vive fuori della classe o in un angolo di essa, con la sua brava maestra di sostegno, anche lei 'diversa' perché in sott'ordine rispetto all'altra che 'non ha tempo'. Il guaio è che la scuola è tuttora organizzata a livelli: tutti devono procedere di pari passo, né si riconosce ad alcuno il diritto alla propria originalità (è l'apoteosi dell'allievo medio!)

• Anziché favorire la socializzazione tanto sbandierata, la scuola in pratica *allontana*, *separa*, *suddivide* i bambini, i ragazzi. Per gli adulti è più semplice operare con classi livellate in base agli *anni*, alle *capacità di apprendimento*, al *sesso* (sì, ancora oggi, soprattutto nelle medie, nelle attività sportive o in quelle non strettamente scolastiche). Si isola la scuola dal reale esterno (ah, le false ricerche d'ambiente!), l'imparare dall'essere. Il piacere di andare a scuola non è mai preso in considerazione, tanto meno il vantaggio di operare in gruppi eterogenei e quindi naturalmente stimolanti.

• La *falsa gestione sociale*: genitori ed educatori continuano a configurarsi come due controparti che si temono a vicenda; la delega, ovvero la prassi dello 'scaricabarile', è tuttora la soluzione più comune per sfuggire a una collaborazione complessa, resa difficile dalla diversità di linguaggi e di aspettative.

• A tutt'oggi è *una collettività che non diventa mai comunità.* Impone esperienze collettivizzanti nella prima età (persino all'asilo-nido si sente parlare di 'attività per gruppi', senza capire ovviamente che cosa significhi lo stare insieme da 0 a 3 anni), mentre ai ragazzini e agli adolescenti, proprio quando emerge fortemente l'interesse per il sociale e il bisogno di contatti più ampi, non è consentita l'articolazione in piccoli e grandi gruppi. Persino il lavoro a coppie è guardato con sospetto.

Tra la paura che 'copino' e quella che 'si amino troppo', la scuola fa di tutto per isolare, separare, esigere un rendimento individualistico che prescinda da tutto il resto, senza offrire per contro attenzione personalizzata a ciascuno.

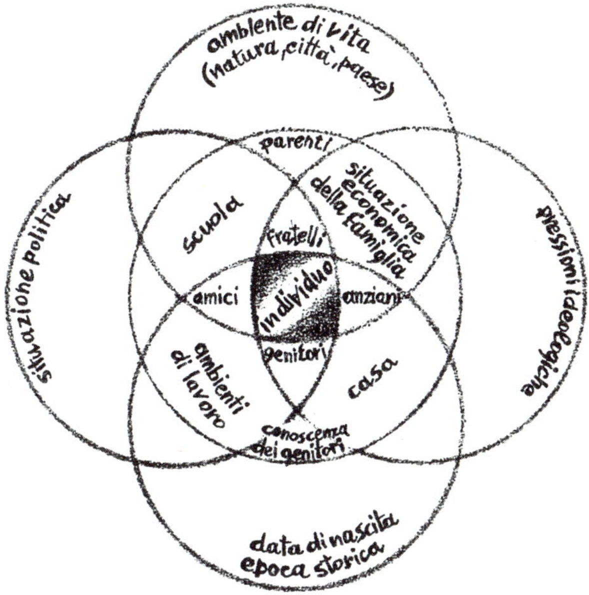

Influenze che si intrecciano nella formazione di ciascuno; le 'caselle' vuote si possono riempire a piacere.

C'è qualcosa da salvare?

Il curioso è che nella sua struttura violenta la scuola si trova oggi in un groviglio di contraddizioni che non sa dipanare, aggravate da una demagogia diffusa.

Una grande confusione

È incerta tra guidare e non guidare, tra autoritarismo vecchia maniera e permissività, che spesso è una fuga rassicurante per l'adulto in quanto smussa i conflitti e deresponsabilizza.
Così, alla guida coerente e intelligente che consentirebbe a ciascuno di far emergere la propria personalità, accordando il proprio ritmo a quello degli altri senza negarlo, si sostituiscono l'arbitrio, la confusione.
L'ossessività dei compiti, dei risultati, delle verifiche non è affatto compensata dall'interesse per le cose che s'imparano: il fine è falso. Non la cultura né l'abilità delle mani, non la scoperta della realtà, della storia umana o naturale, ma essere bravi a scuola, più bravi degli altri: questo conta! L'incentivo diventa il fine primario (come è del resto nello stile schizofrenico di tutto il nostro vivere sociale).

Il rapporto adulti-bambini

Anche il rapporto adulti-bambini di rado è sottoposto a critica: ci chiediamo, per esempio, come vivremmo noi in un ambiente dove persone più grandi e potenti urlano in continuazione, stabiliscono se e quando possiamo andare al gabinetto, giocare o fare conversazione? Ha ragione Henri Roorda: «I maestri non amano i bambini», li sentono estranei, assurdi, li vogliono far tacere come eterni imputati senza diritto di parola.

Si direbbe che in generale gli adulti amino troppo poco se stessi e siano troppo poco attenti a ciò che succede dentro di loro, per cogliere in tutti i suoi aspetti una realtà mutevole e complessa quale è il bambino. Oppure contrabbandano per amore un attaccamento, un'ossessiva premura che camuffa

sentimenti ostili e irrefrenabile autoritarismo. Per contro, ci sono qua e là, a macchia di leopardo, classi vivaci, appassionate, creative, dovute a insegnanti in continua ricerca non disposti a seguire il: «Così fan tutti».
Discutendo di altruismo e di egoismo (sintomi egualmente nevrotici di negazione di sé) E. Fromm osserva: «Una madre è eccessivamente premurosa, non perché ami troppo il proprio figlio, ma perché deve compensare la sua incapacità di amarlo... È convinta che il suo altruismo insegnerà ai figli a provare che cosa significhi essere amati e a loro volta imparare ad amare»; in pratica però i suoi figli sono «tesi, timorosi del giudizio materno e ansiosi di appagare le sue speranze. Di solito sono colpiti dall'ostilità repressa della madre verso la vita ('Non fidarti degli altri... solo io...') e imparano sotto la maschera della virtù il disprezzo della vita...» (da *L'arte di amare*).

Ecco l'effetto del 'mammismo', di questa assurda deificazione della madre quale esempio di amore totale e disinteressato, in realtà copertura alla donna-oggetto sia esso famigliare, sessuale, sociale, eccetera.
Ma lo stesso si potrebbe dire per il padre: è pesante la mistificazione che ci si fa l'un l'altro in nome del perbenismo e della repressione dei sentimenti, e il paternalismo genera guai al pari del materialismo. Ora *nella scuola non è diverso*, perché vi portiamo per intero il nostro essere uomini o donne, figli e genitori.

La via d'uscita

La via d'uscita a questo marasma è assai difficile da imboccare, ma non impossibile! Oscilla tra pubblico e privato, tra volontà politica d'una scuola diversa (e quindi d'una diversa formazione degli educatori a ogni livello) e partecipazione di tutti alla gestione dei problemi scolastici anche e soprattutto negli aspetti psicopedagogici.
Il commosso interesse e la ricchezza di dibattiti che suscitò anni addietro la trasmissione televisiva *Il diario di un maestro* fu un chiaro segnale del fatto che la gente si riconosceva in

pieno in una scuola diversa. Eppure sembrano passati invano Pestalozzi e Montessori, Freinet e don Milani. Sono tuttora mosche bianche o profeti inascoltati maestri come Mario Lodi o Aldo Pettini, e tanti altri come loro, splendide eccezioni in un'istituzione che resta ferma nella palude della sua mediocrità e che attraverso le generazioni rischia di apparire sempre meno nutriente!

Quanti maestri di buona volontà vengono scoraggiati o segnati a dito perché si muovono in cerca d'una maggiore coerenza; quanti educatori rinunciano al loro mestiere non appena possono, dopo anni di inutili lotte per non fabbricare isole felici, per non essere corresponsabili della morte interiore che l'ingranaggio scolastico provoca nei ragazzi attraverso lo stillicidio che va dai 3 ai 18 anni: i cosiddetti anni migliori!

La costellazione famigliare

In questa epoca frettolosa e sciattona c'è sempre meno spazio per chi va adagio e non produce, per chi fantastica o vive di ricordi e non realizza rapidamente. Così molti restano indietro, soli.

A ogni età ci sono quelli che vengono messi, o si pongono, sul ciglio della strada: i *bambini* perché, avendo altri ritmi, non ce la fanno a competere con i grandi, efficienti e sbrigativi; *adulti miti*, silenziosi perché hanno poca 'grinta'; gli *anziani*, con le loro lente parole e gli sguardi che chiedono briciole di attenzione; i *diversi*, le cui difficoltà ci pongono di continuo di fronte alle nostre contraddizioni...
I bambini, anche i più irritanti, hanno in fondo aspetti che commuovono. Non così gli altri e, meno di tutti, i vecchi. Essi, come i bambini, 'non concludono'. Sono ripetitivi, a volte noiosi, immalinconiti nei loro inevitabili rimpianti. Preferiamo metterli a riposo, sebbene in loro ci sia ancora tanta carica di vita e capacità d'amare.
Fra l'altro uno dei pregiudizi più pesanti sulla vecchiaia è che la sessualità sia inconciliabile con essa o che, se emerge, sia qualcosa di illecito, di indecente e comunque di vergognoso.

Il ruolo degli anziani

La fascia delle età efficienti si riduce oggi sempre di più, dai giovani in attesa di lavoro agli adulti che già a 60 anni sono fuori dai meccanismi di produzione. In effetti la società in cui viviamo, che si definisce opulenta e altamente perfezionata, è arida produttrice di oggetti sempre più sofisticati a base di computer che escludono la persona.

Tanto per fare un esempio: i fumetti più recenti, intorno ai quali si orchestra un incredibile giro d'affari, si chiamino Heidi o Pokémon, Remi o Uomo Ragno, sono progettati con il computer in base al gusto medio dei ragazzi su scala mondiale. Al confronto, la produzione Walt Disney era del tutto artigianale. Il risultato è la passivizzazione massiccia di milioni di bambini con racconti senz'anima, di cattivo gusto, tali da sterilizzare la fantasia e la capacità stessa di sognare. E come giudicare la violenza della Playstation?

Per i piccoli evitiamo l'imbonimento della 'baby-sitter' nazionale, robot casalingo che ottunde, ubriaca, consola grandi e piccini, e diamo la preferenza a una fiaba ascoltata dalla viva voce di un adulto disposto a spiegare, a ripetere, a ridere, a commuoversi insieme con il bambino.
Ci vorrebbe almeno un nonno paziente e chiacchierone o una nonna che, trovati gli occhiali (li perde sempre, perché non regalarle la catenella: «Oh no, mi sentirei troppo vecchia!»), sia disposta ad aprire il libro delle fiabe e delle avventure, oppure lo sportellino dei ricordi: «Quand'ero piccola, non c'erano…»
Bruno Bettelheim nel suo bel libro *Il mondo incantato* (Feltrinelli, Milano) osserva: «L'affezionatissima nonna che racconta la storia a un nipotino che, seduto sul suo grembo, l'ascolta rapito, comunicherà qualcosa di assai diverso da quello che può trasmettere un genitore che, annoiato dalla storia, la legge a bambini di varie età per un mero senso del dovere. L'attivo senso di partecipazione dell'adulto alla narrazione della storia reca un vitale contributo e un enorme arricchimento all'esperienza che ne fa il bambino».

Il rapporto felice tra nonni e nipotini

Anche per i nonni l'esperienza può essere assai piacevole. Li gratifica la fiduciosa attenzione del piccolo, senza contare che per lui la differenza d'età e il peso degli anni non esistono.
Egli percepisce la partecipazione affettuosa dell'adulto, il calore della sua presenza, le intonazioni di voce, non altro. L'as-

senza di toni critici che risulta dalle sue parole gli sembra amore incondizionato, e lo consola di tante incomprensioni raccolte altrove.
Così, tra nonno e nipote può stabilirsi un rapporto felice. Ma anche questo sta diventando raro: ci si addentra sempre più in una dimensione che ignora i rapporti basati sulla fiducia anziché sul reciproco vantaggio.
In questa pericolosa corsa nel vuoto ('pubbliche relazioni' piuttosto che relazioni affettive!) i legami con il passato possono diventare significativi, non per rimpiangere sentimentalmente il tempo che fu, ma per equilibrare con il peso del 'già vissuto' le anticipazioni assurde di certa fantascienza commerciale, l'assenza di dialogo diretto, la sterilità di informazioni filtrate attraverso la continua esibizione televisiva.

I legami con il passato ci vengono offerti dalla presenza degli anziani, personaggi in parte amati e in parte temuti quando il rapporto gerarchico con i loro figli, ora genitori, appare irrisolto, quasi congelato in silenzi e in scomode memorie. Ci sono nonni che conservano fino alla fine la rigidezza, il formalismo, il tono autoritario che hanno contraddistinto gli anni della loro maturità. Altri invece si addolciscono, accettano quanto di nuovo o di scombinato, secondo loro, è scelto dalle nuove generazioni, perché sentono che l'importanza del legame, dell'intesa con i giovani viene prima di tutto. Non chiedono di aver ragione a ogni costo: non vogliono restare soli, emarginati, e preferiscono tentare di capire.

Incontri e scontri

La gamma delle situazioni in una famiglia è come al solito vastissima: ci possono essere genitori spenti, indifferenti ai problemi dei piccoli o troppo indaffarati per seguire le innocenti scorribande dei ragazzini, e, d'altro canto, nonni agili quanto basta per incoraggiare sempre nuove scoperte.
Si verificano ovviamente anche situazioni opposte: anziani distanti e ossessivi al punto di essere cattivi sostituti parentali, e genitori aperti, equilibrati nel loro rapporto con i figli.

Quando le differenze di idee e di atteggiamento sono tanto pronunciate è facile che il conflitto esploda, ma in ogni caso, per i bambini, quanto più ampia è la costellazione famigliare, tanto più ricca sarà la loro esperienza di base. Spesso essi riescono, con la loro assenza di pregiudizi, a entrare in sintonia con lati insospettati degli adulti (là dove i grandi falliscono), stimolandone gli aspetti migliori e anche la creatività, la fantasia.

Tolleranza alla 'rottura delle regole'

Nel suo efficacissimo testo sull'arte del narrare storie Gianni Rodari racconta che il nonno materno di Lenin, avendo osservato che i nipoti «entravano e uscivano di casa per le finestre anziché per la porta... ben guardandosi dal proibire quell'innocente spasso, fece mettere sotto le finestre delle robuste panchette, perché i ragazzi se ne potessero servire nei loro andirivieni, senza rischiare di rompersi l'osso del collo. A me sembra,» commenta Rodari, «un modo esemplare di mettersi al servizio dell'immaginazione infantile» (*Grammatica della fantasia*, Einaudi, Torino). In effetti, quanti adulti si sentirebbero di rispondere con altrettanta bonomia e fiducia alla rottura, sia pure non pericolosa, di regole? Si dice che per i nonni sia facile. Può darsi.

I più saggi tra loro conoscono ormai la relatività della vita, diventano tolleranti e godono di riflesso delle gioie dei piccoli. Ma per gli stessi motivi altri cadono facilmente nell'eccesso opposto delle concessioni pericolose, con una punta d'invidia da parte dei loro figli. «Quand'ero piccola, non mi avresti mai permesso di arrivare a tanto!...»

Diventare nonni

Diventare nonni non è esperienza ovvia. Il tempo che passa è una dimensione che ci sfugge di continuo.
Ci ritroviamo con i figli maggiorenni e ci sembra di averli generati ieri, senza aver goduto abbastanza della loro presenza. Ci afferriamo ai ricordi, ma anch'essi si disfano, si trasformano, si allentano.

La nascita del primo nipotino segna una grande tappa: è la certezza di un altro tempo finito, la speranza della continuità, ma anche la consapevolezza della conclusione che si avvicina. Finché siamo giovani e sani, possiamo far finta che essa non esista, e del resto il nostro vivere sociale ci culla in questo assurdo delirio: della morte naturale e della sofferenza si parla il meno possibile.

La paura di invecchiare

A volte, più che l'angoscia della morte, c'è la preoccupazione di quel che sarà la vecchiaia, di come avanzerà contro di noi il decadimento fisico. La solitudine, che da sempre ci spaventa, può diventare realtà concreta e assai minacciosa, mentre dentro di noi restano indistruttibili grumi d'infanzia e di adolescenza che ci tengono perennemente legati alla vita.
Ci ostiniamo tuttavia a negare il bambino che resta sempre in noi, a nasconderlo. Infatti ci vergogneremmo se gli altri lo vedessero, segno di assurdo infantilismo. Eppure quel 'bambino' è in ciascuno di noi, e se lasciassimo affiorare un po' di più la sua voglia di giocare e di godere le semplici cose della vita, anziché voler essere sempre così logici e razionali, forse riusciremmo a essere più inventivi e un po' meno chiusi nei nostri schemi usuali.

La presa di coscienza del proprio invecchiare può fare molta paura. All'uscita di scuola chiedo a un prestante signore con i capelli grigi: «Scusi, lei è il nonno di Cristina?»... «Purtroppo!» mi risponde: il rammarico di aver superato la soglia dei 50 e forse più, o il fastidio per una bimba troppo vivace e impegnativa?

Ci sono nonni che riscoprono nei nipotini un'insperata giovinezza. Liberi come sono da responsabilità dirette, s'accorgono di saper amare in modo nuovo, aggiungendo alla vita una dimensione insolita, guadagnandosi con la propria disponibilità un posto privilegiato negli affetti del piccolino.
Il loro offrire con tranquillità e senza contropartite la propria presenza sentendo che è gradita, essere di aiuto senza ricatti

affettivi, né lamentazioni, è probabilmente la chiave per mantenere o creare una buona relazione con i giovani, e più precisamente con la giovane coppia, accettandone la diversità, il bisogno di reciproco assestamento nel rapporto a due, le scelte ideologiche e pedagogiche e quindi i limiti a un rapporto 'totale' con i nipoti amatissimi.

Una presenza rassicurante...

La calda, rassicurante presenza di un nonno può acquietare un bambino cui è nato un fratellino, o che ha un fratello molto malato al centro dell'attenzione famigliare. Occupandosi ogni tanto del più debole, può consentire ai genitori di stare con l'altro, vigilando con tale alternanza sul rischio di pericolose predilezioni.
Però questo nonno non dovrebbe dare per scontato di sapere tutto. Con modestia, come farebbe una qualsiasi baby-sitter, dovrebbe chiedere che cosa il nipotino preferisce mangiare, accordarsi sulle uscite, sul modo d'intervenire, perché il bambino senta la coerenza di atteggiamento e l'approvazione degli anziani all'operato dei genitori.
Si potrà sempre dire poi, quando il bambino non c'è: «Ho fatto come mi hai detto, però ho osservato che... Non si potrebbe...?»

I nonni certo metteranno nel rapporto con i nipotini quel calore, quella presenza affettuosa e vigile, si spera non apprensiva, che forse una persona pagata a ore non può dare.
I giovani genitori, dal canto loro, dovrebbero saper chiedere aiuto, dato il vantaggio di una... baby-sitter gratuita, accettando i rischi e i limiti del 'nonnismo', comunque meno pericoloso del maternalismo o del paternalismo, e limitando con paziente 'intelligenza d'amore' le invasioni, vere o temute, degli anziani.

...ma anche fonte di conflitti

Se ambo le parti riuscissero a esprimere serenamente aspettative, bisogni, critiche, tutto sarebbe più semplice. Invece ti-

mori, falsi riguardi, fantasmi nati da conflitti non risolti impediscono di essere chiari e tolleranti insieme. «Chissà come la prende se glielo dico!» Così non si parla.
Si accumulano risentimenti che, come tutti i nodi non risolti, inquinano e rendono aggressivi.
È facile che i rapporti con gli anziani non siano per nulla idilliaci, soprattutto quando si vive insieme e c'è l'usura delle abitudini quotidiane. L'ideale sarebbe che i nonni vivessero vicini alla giovane famiglia, ma non dentro di essa, allo scopo di assicurarsi sostegno reciproco e tuttavia essere qualcosa di speciale gli uni per gli altri.

I conflitti che si scatenano, vuoi per le differenze di atteggiamento (la permissività degli anziani opposta alla severità dei giovani o viceversa), vuoi per i contrasti di generazione: «Ai miei tempi...» e: «Oggi si fa così», sono certo favoriti dalla convivenza.
Sentimenti di colpa, di opposizione, di rancore per un'autonomia mai ottenuta, per la dipendenza reciproca aggravata da reali difficoltà («Come posso cambiare mia madre? Ho bisogno di lei, e quindi devo sopportarla»), la lotta per avere nei confronti del maschio, figlio, compagno o padre, un posto privilegiato, sono realtà emotive che trasformano la famiglia in un teatro di contrasti pesantissimi di cui il bambino fa le spese. È su di lui che si polarizza la contesa, e tutto quello che lo riguarda diventa nodo centrale di battaglie nate altrove e vecchie di anni.
Il contrasto infatti non è quasi mai tra nonni e nipoti, ma tra gli anziani e i loro figli, soprattutto se questi vivono con sensi di colpa l'ambivalenza affettiva verso i propri genitori. Da un lato ricorrono a loro, li 'usano', dall'altro sentono come un peso obbligante la richiesta di attenzione e di tenerezza che giunge da persone prossime a concludere il proprio ciclo vitale.
Solo la chiarezza dei rapporti può far scaturire sentimenti di affettuosa parità, non ricattatori verso chi ci ha amato, sia pure con tanti errori, e continua ad amarci. Il distacco netto, per doloroso che sia, è comunque preferibile all'attrito quotidiano o al frequente battibecco.

Fare insieme

Come nell'infanzia, uno dei rischi più grossi della vecchiaia è il non sentirsi valorizzati, annoiarsi, non avere nulla da fare. Ci sono anziani che invecchiano rapidamente andando in pensione perché inetti e intristiti fuori del lavoro quotidiano. Altri invece hanno mille risorse. La loro vitalità operosa ci riempie di meraviglia e di tenerezza, e mantiene loro a un buon livello di disponibilità e di giovinezza interiore. Sanno fare tante cose: coltivare fiori, cucinare, rovistare in cantina, costruire piccoli giocattoli, travasare il vino, aggiustare, lavorare il legno o la lana, inventare storie...

Incoraggiare i bambini nel modo giusto

Quanti bambini, malati di noia e inattivi per la gran parte della giornata, si rivitalizzano dopo un pomeriggio passato con un nonno di questo tipo, capace di incoraggiare il nipote nel modo giusto! «Con lui dimentica perfino la televisione... Per la nonna ha una vera passione», dice una madre, tra lusingata e vagamente gelosa.

Certo, tanta predilezione bisogna guadagnarsela. I nonni possiedono fra l'altro una merce rara: il tempo, proprio loro che con il tempo hanno ingaggiato una silenziosa e dura battaglia. Se sanno gestirla a vantaggio proprio e altrui possono uscirne vittoriosi, nel senso del suo buon utilizzo.
Cerchiamo dunque di valorizzare le esperienze degli anziani, facendoci insegnare le cose che non sappiamo e che andrebbero perdute: dalle vecchie canzoni ai modi di dire, dai segreti della luna e dell'orto a certi piatti oggi in disuso.
Prestiamo orecchio non frettoloso ai loro bisogni, e i bambini assorbiranno per tempo la bellezza di uno scambio naturale tra le diverse età: come si possa stare insieme bene, malgrado le differenze, e quanto possa venirci anche da chi sembra non avere più parole e si limita a coltivare basilico sul terrazzo o a cucire un abitino (il tutto poi per farne dono affettuoso ai parenti).

I vecchi sono brutti?

Nel dibattito pubblicato in calce al libro *Fiabe sui ruoli sessuali* di P. Angelini e C. Codignola c'è un intervento significativo di Elena Gianini Belotti a proposito dei pregiudizi sulla vecchiaia. «Le fiabe,» osserva, «fanno vivere al bambino la vecchiaia come bruttezza e cattiveria: non c'è pietà né indulgenza per i vecchi... Una possibile bellezza fisica del vecchio non è neppure presa in considerazione.» Per non parlare del «problema dell'identificazione della bellezza con la donna: nel momento in cui perde la bellezza, la donna non è più nulla» secondo le fiabe o acquista invece potere magico, diventa strega. «C'è insomma una sostituzione della bellezza con il potere, e con un potere malvagio.»
Dalle fiabe popolari la vecchiaia risulterebbe quindi sinonimo di bruttezza, di inefficienza o sotto altri versi di una vendicativa pericolosità, il cui esempio limite è la strega mangiabambini di *Hänsel e Gretel*.

Tutto questo corrisponde in parte alla realtà (la potenza in ogni senso appartiene alla giovinezza) e in parte al mondo dei simboli: l'alternanza del potere nel gioco delle età, la saggezza di chi ha avuto molti anni per sbagliare, il sentimento della perdita imminente e della rivalsa... Eppure per il bambino i nonni sono difficilmente identificabili con i personaggi laidi e malefici di certe fiabe.
In ogni caso, questi non vanno eliminati, come molti oggi usano fare, per 'addolcirle': incontrare nelle fiabe anche personaggi vecchi, dispettosi, repellenti non intacca il legame con gli anziani, se questo è vitale. Consente però al bambino di gettare sul cattivo immaginario le proprie pulsioni negative, salvando dentro di sé coloro che ama e da cui si sente protetto. Tra questi, i nonni sono spesso al primo posto, in una sorta di muta e tenera complicità reciproca.
«Se l'inverno dicesse: 'Ho nel cuore la primavera', chi gli crederebbe?» Questi versi di Gibran tratti dal volume *Sabbia e Schiuma* (Guanda, Milano) esprimono assai bene il sole nascosto della vecchiaia che non tutti riescono a manifestare o a

vedere. I bambini, o almeno molti fra loro, lo sentono chiaramente, al di là delle apparenze.

Mio figlio è un 'diverso'

Di fronte a questo tema mi vengono in mente due film: *Il piccolo, grande uomo*, diretto da Arthur Penn, che presenta la figura dell'indiano, delicato e fantasioso artista, forse omosessuale, la cui scelta di non essere guerriero al pari degli altri è pienamente accettata e valorizzata da tutta la tribù come un segno di grazia, e *L'albero degli zoccoli* di Ermanno Olmi, che esprime, attraverso il personaggio del vagabondo un po' svanito, poverissimo tra i poveri, il rispetto della gente di campagna per le misteriose incapacità di una persona che la scienza si affretterebbe a catalogare e ad isolare come 'oligofrenico grave', emarginato a vita.
L'intolleranza è uno dei mali più pesanti della storia umana, né il progresso è riuscito a sradicarla. Anzi, l'esigenza scientifica di diagnosticare, etichettare, l'ha esasperata, sotto certi aspetti.
L'essere uguali, conformi ci tranquillizza. Per contro, le limitazioni vere o presunte d'un essere umano ci angosciano profondamente, si tratti d'un figlio con i capelli rossi (ho visto bambini maltrattati per questo!) o d'un neonato immaturo che porterà per tutta la vita i segni d'una nascita anzitempo.
C'è dunque un 'diverso' immaginario che, vissuto come tale dai genitori o da altri, si sente effettivamente differente e con possibilità inferiori, e c'è un 'diverso' palese, riconoscibile in deformazioni o in blocchi di natura organica o psichica.

Indagare o meno sulle cause?

Quando è possibile, si indaga sulle cause dell'errore, e questo in parte tranquillizza, anche se non cambia affatto la situazione. (Quanto dipende effettivamente da uno 'sbaglio di natura' e quanto invece dalla situazione ambientale, dal modo di partorire, dai farmaci?)

A volte invece la diagnosi dà adito a nuove mistificazioni e ad ulteriori sensi di colpa, alimentati oltre modo dalla disinfor-

mazione. Si va alla ricerca di parole via via meno crude, che rivestano di eufemismi una realtà delle più dolorose: deficiente, deficitario, minorato, menomato, motuleso, cerebroleso, handicappato, diverso...
Questa è una delle ultime accezioni da quando a livello sociale si è cominciato a prendere vagamente coscienza di questo dramma individuale, famigliare e collettivo, e subito è stata assorbita e generalizzata. Ennesimo tentativo per banalizzare, sfumare, negare? In effetti, le parole non cambiano la sostanza del problema che ha almeno tre 'nodi' centrali:

- *l'enorme spreco dei primi anni* di vita; solitamente ci si comincia a occupare di questi bambini solo dopo i 6 anni, l'età dell'obbligo scolastico (troppo tardi!);
- *l'isolamento*; il 'caso' cui provvedere, l'esclusione del 'diverso', anche ora che si parla tanto di inserimento;
- *il peso educativo* che ricade quasi del tutto *sulla famiglia* anziché essere sostenuto dall'intera comunità degli adulti.

Che cosa si può fare per lui?

L'argomento, come si può intuire, è vastissimo. Qui possiamo accennare solo ad alcune tematiche su cui varrebbe la pena di discutere con altri il più possibile. Scrive Gibran, il poeta libanese più volte ricordato: «Una perla è un tempio costruito dal dolore intorno a un granello di sabbia. Qual è il desiderio che ha creato i nostri corpi e intorno a quale granello?»
Il nostro bambino 'diverso' è un mistero di vita e di sofferenza: la sua impotenza ci angoscia; i suoi lenti progressi ci sembrano labili, inconsistenti; la sua vita ci appare senza futuro... Che cosa possiamo fare per lui e per noi?

Se la società, la famiglia, la scuola valorizzassero al massimo e in concreto la persona e quindi *la diversità di ciascuno* (ma sarebbe più onesto parlare di *varietà*) non esisterebbe il problema del 'diverso', scomodo e inaccettabile, quale che sia la sua situazione esistenziale. Sotto questo aspetto il cammino è lunghissimo e difficile, ma intanto, concretamente, si può fare molto.

- *No a ogni forma di pietismo, di aiuto eccessivo.* E invece: *stimolazione massima* (linguaggio, movimento, sensorialità) pur senza squilibri e *aiuto continuo fin dalla nascita all'autonomia*, malgrado le difficoltà reali che possono esservi.
Si tenga presente che se la tentazione di agire al posto del bambino è continua per ogni adulto, qui è ancor più pressante. Lesiva per chiunque, diventa particolarmente dannosa per un piccolino le cui difficoltà concrete sembrano autorizzare la passività. «Aiutami a fare da solo, il più possibile e come riesco» deve essere il tema-chiave del sostegno educativo che ci proponiamo di offrirgli.

- *Inserimento il più possibile precoce tra coetanei a cominciare dall'asilo-nido.* Lottare per questo, unendosi ad altri, discutendo, offrendo la collaborazione sotto altre forme; battersi perché fin dal primo mese di vita il peso delle difficoltà sia condiviso con altri. Sbaglia quella madre che si isola in casa con il figlio per 'dedicargli la vita'. Un bambino con difficoltà va trattato esattamente come ogni altro, anche se richiede il triplo di cure e di presenza. A maggior ragione ha bisogno dello stimolo di altri bambini e del lavoro coordinato di più persone intorno a lui, così come gli adulti che se ne occupano necessitano di sostegno e di confronto.

- *Valorizzazione di ogni minima possibilità di azione, di linguaggio, di esplorazione sensoriale.* Puntare sempre su ciò che il bambino sa fare, anziché sui suoi impedimenti, incoraggiandolo a procedere. Solo la nostra fiducia nelle sue capacità residue potrà indurlo a dare il massimo di sé. Attenti al pericolo della *routine*, delle abitudini morte, della ripetitività sterile, che è altra cosa dalla ripetizione spontanea, finalizzata all'apprendimento e quindi di continuo rinnovata. Sentimenti negativi e in questo caso assurdi, come vergogna, senso di colpa, paura del giudizio altrui, non aiuteranno certo nostro figlio. Andiamo a testa alta con il nostro bambino 'diverso'. Sentiamo i suoi impedimenti come una sfida della vita e, per non soccombere al dolore o ad una rassegnata delusione, organizziamoci senza perdere un giorno, un minuto con altri genitori, con amici; battiamo a

ogni porta con tranquilla coscienza, come è nostro diritto, perché non vada trascurata la minima possibilità.
Un neonato, anche se leso, ha comunque potenzialità ricchissime e insospettate che nell'arco di 4-5 anni saranno perdute per sempre.

La famiglia: limite o apertura?

Il fatto che la famiglia sia oggi ridotta al minimo, padre, madre, uno o due figli, non meraviglia più nessuno; stupisce anzi il contrario. I molti figli che assicuravano continuità al ceppo famigliare, braccia al lavoro quotidiano, sicurezza di sostegno futuro per i genitori nella vecchiaia, oggi non hanno più senso.
La dimensione del lavoro si è capovolta, adesso gli anziani concludono la loro vita nelle case di riposo o nei cronicari; i giovani vengono educati più al mito dell'autosufficienza che a quello della solidarietà concreta, in un orizzonte che privilegia la competizione piuttosto che la collaborazione.
Si rimprovera oggi alla famiglia la sua struttura limitata e limitante, nucleo chiuso ad altri nuclei simili.
Al suo interno c'è spesso scarsa comunicazione: i sentimenti in positivo sono sottintesi, e quelli in negativo ignorati per il cosiddetto 'amor di pace', con il risultato di pericolosi fraintendimenti e di aggressività più o meno palesi. Il fatto che nella quotidianità famigliare manchino ai bambini altri adulti di riferimento (zii, nonni) carica sui genitori una responsabilità più diretta. Concentra le tensioni, un tempo con più valvole di scarico, sul rapporto diretto tra due generazioni.
Possiamo tutti verificare che da un lato la famiglia può essere fonte di follie e di mali sociali se ancorata a ruoli rigidi e autoritari, dall'altro può costituire l'alternativa sicura degli affetti e della tenerezza, dimostrati senza ambiguità, a un esterno carico di tensioni e sterile.

Un'istituzione 'malata', ma che può essere ancora valida

In un incontro a Milano organizzato dalla Libreria dei Ragazzi nell'autunno 1979, Laing faceva notare come la «famiglia felice sia il luogo dove l'uomo può avere ancora rapporti basati sul piacere reciproco di stare insieme», mentre fuori di essa sono disumanizzati e alienanti. La famiglia come porto di acque calme da cui partire verso il mondo e a cui tornare per posare il nostro animo inquieto.

È ovvio, faceva notare Laing, che la famiglia non possa coprire l'intero ciclo della vita umana, tutti i desideri, i bisogni, le aspettative. Tuttavia può essere il rifugio nel quale vivere la continuità delle relazioni affettive, le situazioni centrali della vita umana come la nascita e la morte.

È segnale allarmante, e non certo di progresso, il fatto che oggi si tenda a viverle fuori di casa. Quasi non si nasce più tra le mura domestiche, e nei paesi a tecnologie più avanzate nemmeno morire nel proprio letto è più lecito, esattamente come sta accadendo da noi per il parto. Il neonato e il morente sono affidati a estranei pagati per questo.

Questi aspetti del costume indubbiamente accelerano la disgregazione della famiglia. Una visione ottimistica dell'essere umano induce tuttavia a sperare: per quanto sia istituzione malata, la famiglia non è da distruggere, ma piuttosto da modificare, da liberare.

Un figlio, due figli...

Perché un secondo bambino? «Se hai un solo figlio e poi ti muore?» (Malgrado i trionfi della scienza le antiche paure permangono.) «Adesso bisogna fare la sorellina» oppure: «Ci vuole il fratellino per farle compagnia».

Questa motivazione diffusissima, un nuovo bambino come 'regalo' al primo, è davvero un non-senso, soprattutto in quei casi in cui la forte differenza d'età (3-4 anni o più) impedirà comunque che i figli siano tra loro compagni di gioco.

Un secondo figlio ha il vantaggio di genitori forse meno ansiosi, grazie all'esperienza da essi già avviata con il primo. Quest'ultimo, a sua volta, ha avuto il privilegio di averli tutti per sé, vissuto che scatenerà in lui sentimenti di esclusione quando vedrà il neonato tra le braccia dei genitori, anche se è stato preparato verbalmente alla sua venuta. Tuttavia la presenza del fratello lo aiuterà via via a sentirsi 'capace' in molte circostanze, ad accettare più tranquillamente la realtà. La situazione a quattro offre in ogni caso più scambi e alternative a *tutti* i membri della famiglia, rispetto alla situazione a tre, per buona che sia.

Una decisione consapevole

Ma, al di là di queste considerazioni, non dimentichiamo che ogni bambino che nasce, sia pure secondo o terzo, ha comunque diritto alla decisione consapevole dei genitori, alla loro attenzione affettiva, esattamente come il primo. Concepire un secondo figlio per salvare un'unione vacillante o per calmare le capricciose esclusività d'un primo figlio male educato (cioè mal guidato, eccitabile, angosciato) è un insulto al nuovo bambino, oltre che al buonsenso.
Senza chiarezza sui problemi di fondo che inquinano il cosiddetto 'focolare', si aggiungerà danno a danno, con la quasi certezza di generare un altro infelice, su cui ricadrà il peso di tanta confusione. Proprio perché si può limitare il numero dei figli è importante concepirli con amore, ciascuno per sé, il meglio possibile.

Maschio o femmina?

Ma c'è anche il tema del *sesso dei figli*, oggi noto quasi dal concepimento, che non cessa di essere al centro di forti pregiudizi. Ai neogenitori raccomando la lettura dell'intramontabile *Dalla parte delle bambine* di Elena Gianini Belotti (Feltrinelli, Milano), che mette in guardia contro i tanti sottili condizionamenti precoci che perpetuano nel quotidiano rivalse, esclusioni, forme sottili di razzismo sessuale, di cui nel terzo millennio siamo ancora prigionieri.

Lotte tra fratelli

La famiglia di tipo autoritario favorisce indubbiamente l'antagonismo tra i fratelli che pure ha una sua radice naturale ed è antico quanto il mondo, tramandato perfino in racconti leggendari.

Caino e Abele, Esaù e Giacobbe, Giuseppe e i suoi fratelli, Romolo e Remo sono emblemi di una rivalità ancestrale, profonda quanto inconscia, che risale a vissuti arcaici dell'individuo. Nella storia iniziale di ciascuno c'è un tempo beato di onnipotenza in cui ci si illude di essere unico oggetto d'amore per qualcuno. La simbiosi con la madre appare in questo tempo perfetta, ma, ahimè, è temporanea: via via che la realtà si fa più evidente, essa risulta un sogno, un'utopia. I fratelli, precedenti o posteriori, più forti o più bisognosi di cure, emergono con le loro concrete esigenze, chiedendo ciascuno la stessa cosa.

Il passaggio dal 'tutto e subito' alla condivisione con altri di un rapporto privilegiato non è facile, né ovvio. Un tempo era aggravato da rapporti estremamente rigidi con i genitori, oggi dalla situazione chiusa e consumistica vissuta dalla famiglia, soprattutto nei grandi agglomerati urbani.

Un rancore che spesso avvelena la vita

Eccoli lì, i fratelli, a bisticciare con esplosioni di rabbia incontrollata per cose minime: una parola, un oggetto da nulla. Non sanno di lottare fra loro per ottenere dai genitori attenzione esclusiva, per conquistare accanto a uno dei due o ad entrambi il posto privilegiato che elimini l'avversario.

È un rancore che spesso avvelena tutta la vita ed esplode nelle diatribe sulle eredità, poco importa se consistenti o meno, simboli materializzati di una presenza e di un amore che il nostro inconscio avrebbe voluto in esclusiva.

- *Il maggiore* vuole allontanare l'usurpatore che gli ha tolto il ruolo di figlio unico rispetto ai genitori, e dall'altro canto invidia la condizione di lattante o comunque di piccolo al punto di regredire (balbetta, ricomincia a bagnarsi come un tempo, ha incubi notturni).
- *Il minore* pretende di avere diritti eguali al grande, anche se obiettivamente non ne ha le stesse capacità, e poiché l'altro ha poteri a lui inaccessibili (stare alzato la sera, usare gio-

chi più elaborati, saper leggere e scrivere), cerca di rendergli la vita difficile.
Eppure in molte famiglie l'antagonismo iniziale cede gradualmente il posto a un rapporto fatto di amicizia, oltre che di tenerezza fraterna, e gli adulti ne sono responsabili. Quanto meno interferiscono nei rapporti tra i figli, pur proteggendo entrambi in egual misura, tanto più facilmente scaturirà in loro una solidarietà profonda e durevole.

Perché gli adulti hanno tanta paura dell'aggressività dei loro bambini?

Tutto sarebbe più semplice se si limitassero nella maggioranza dei casi a fare da spettatori, se non si ostinassero a intervenire nei litigi come pacieri o come giustizieri, cedendo al tranello inconscio che i bambini tendono loro.
L'ansia di stabilire rapidamente chi abbia torto o ragione, di prevenire violenze che in fondo rispecchiano le loro, di evitare che si affrontino, fa cadere gli adulti in una giustizia schematica, distributiva, che impedisce di capire le motivazioni profonde e la propria corresponsabilità nella genesi di tanti conflitti.

Si dice, per esempio: «Tu sei grande, dovresti capire (dare il buon esempio, essere il primo a cedere)...» caricando il maggiore di una responsabilità che non può sostenere. Intanto il piccolo intuisce di essere al sicuro, continua a distruggere i giochi del grande, a provocare l'altro in forme sottili e persistenti allo scopo per lo più inconsapevole di ottenere nuovi interventi dell'adulto e quindi ricevere conferme al fatto di essere in pratica il figlio prediletto.
Oppure si dice: «Guarda tuo fratello com'è ordinato (gentile, pulito). Lui sì che studia! Lui non fa la pipì a letto! Lui non rompe tutto come te...» Discorsi che continuano con le dovute varianti tutta la vita. Il confronto tra i fratelli, più o meno scoperto, è quanto di più scatenante i genitori possano fare, cullandosi magari nell'illusione di essere equanimi!

Rapporti possibili all'interno di una famiglia di tre membri

madre ———— figlio   padre

Il rapporto stretto tra madre e figlio esclude il padre (o questi si autoesclude).

madre   figlio ———— padre

Il rapporto tra padre e figlio esclude la madre.

madre   ——figlio——   padre

Il figlio tenta di raggiungere i genitori isolati e indifferenti l'uno rispetto all'altro.

madre ———— padre   figlio

Madre e padre vivono tra loro un rapporto esclusivo, con forte intesa sessuale, che il figlio percepisce come abbandono nei suoi confronti.

Situazione equilibrata, con rapporti costanti fra i tre membri; ognuno ha un suo posto nella famiglia, equidistante rispetto agli altri, il che consente la coscienza della propria identità e di quella altrui, arricchendo gli scambi.

La presenza di due figli comporta più varietà di rapporti

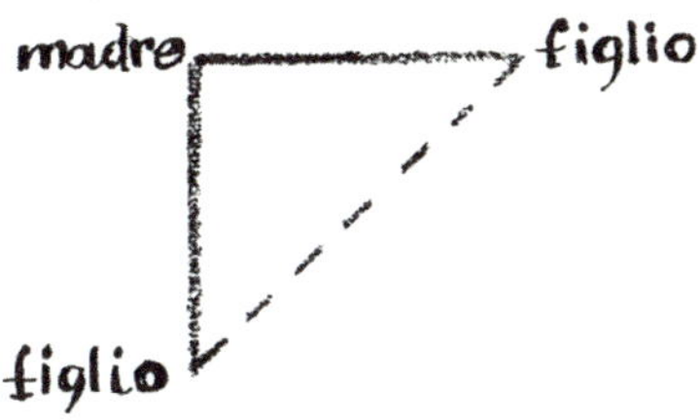

Il meccanismo di esclusione si verifica nei confronti di un genitore. Il legame possessivo della madre con i figli impedisce lo stabilirsi di un buon rapporto fra di loro.

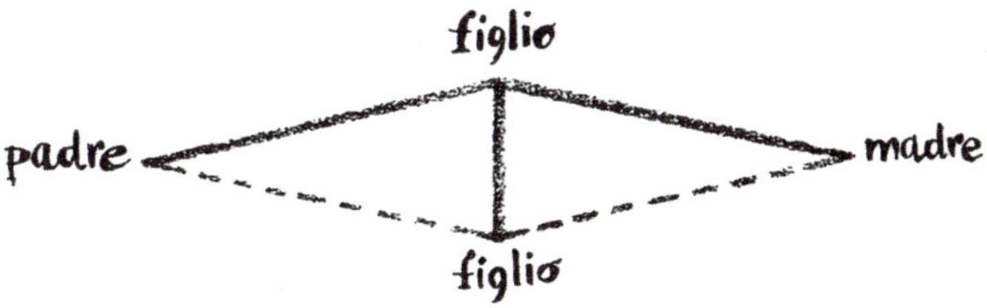

Rapporto solidale tra i figli e uno di loro con i genitori; l'altro non è in contatto con i genitori, né questi mantengono fra loro relazioni costruttive.

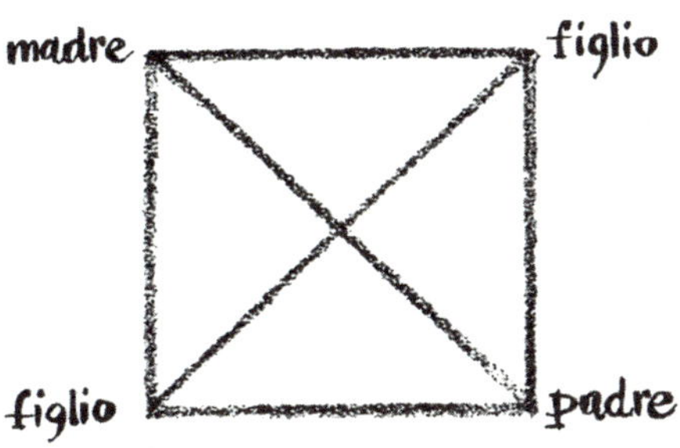

Situazione equilibrata, con scambi in tutte le direzioni.

La famiglia che uccide

Il fatto che uno dei figli si sia adattato al modello di 'bravo bambino' e l'altro no, manifestando sue originali modalità di comportamento, è sufficiente spesso per farne la 'pecora nera', ricettacolo delle proiezioni negative di tutti. A volte diviene a tal punto bersaglio di tiri incrociati da parte di tutti i famigliari da cedere psichicamente, da cercare rifugio nella malattia mentale, come hanno dimostrato non poche ricerche della psichiatria moderna.
La famiglia che uccide (altro testo di Schatzman, edito da Feltrinelli, Milano) è una realtà ben concreta in molti casi: la tragedia è che, quando si verifica, i suoi membri non riescono a esserne consapevoli senza aiuto esterno. Proprio in situazioni di 'cecità' famigliare si ha la pretesa di affermare che si amano i figli tutti allo stesso modo.

Eppure nella concretezza del quotidiano mille segni indicano preferenze sottili. Siamo grossolani e non ce ne accorgiamo, né sarà certo una rigida imparzialità a equilibrare le cose.
Regalare cose eguali, abiti uguali nell'illusione di non far torto a nessuno (e questo è ancor più rischioso se sono gemelli) è in realtà un'offesa a ciascuno dei figli. In pratica si nega la loro individualità, il loro essere diversi, ciascuno rispetto all'altro. Se invece valorizziamo ogni figlio per la persona che è, per ciò che può realizzare in modo che acquisti sicurezza senza altri puntelli, i 'no', le attese, i rinvii non saranno vissuti come rifiuto nei suoi confronti.

È essenziale che i figli sperimentino la fiducia negli e dagli adulti, la certezza di un sentimento di parità negli affari non 'chiacchierato', ma radicato saldamente nel comportamento usuale dei famigliari. Invece di fare prediche sul volersi bene tra fratelli, bisognerebbe non mistificare il nostro amore come genitori, tentando di ascoltarci quando ci rivolgiamo loro, esigendo, rassicurando, rimproverando. Di che qualità è il nostro intervento? Quali messaggi esprimiamo al di là delle parole?

Il cerchio delle esperienze

«Alcuni figli rappresentano le nostre giustificazioni, altri solo i nostri rimpianti», dice ancora Gibran.
In effetti, i figli non sono tutti uguali ai nostri occhi, ma non vogliamo ammetterlo. Ci sono più o meno simpatici, a seconda di come li abbiamo concepiti, desiderati o di come si sono modellati sulle nostre attese. Vista la nostra incapacità di adeguarci a loro, pretendiamo il contrario, e contrabbandiamo per uguaglianza d'amore la nostra impotenza a valorizzarne la diversità.

L'altra grossa illusione che i genitori si fanno rispetto ai figli è di essere stati sempre uguali a se stessi all'epoca del primo figlio, come a quella del secondo o del terzo. «Li ho educati tutti allo stesso modo...»
Intanto, non può essere vero, perché il fatto stesso di vivere porta mutamenti di cui forse non ci avvediamo, ma non per questo meno reali. Inoltre sono profondamente diverse, nelle loro dinamiche interne, le situazioni famigliari a due, a tre o a quattro. Per di più, ogni figlio reagisce in modo del tutto personale all'atteggiamento dei genitori e lo condiziona, esattamente come essi condizionano il suo.
Fin dalla nascita, un'interazione molto stretta, un reciproco dare e ricevere, stimolano sia il bambino, sia il genitore. Se questo manca da una delle due parti, per incapacità del bambino o per indifferenza dell'adulto, le conseguenze sullo sviluppo sono gravi.
In ogni caso, la presenza di uno o più figli non è indifferente proprio per questa interazione che sarà diversa e ricchissima, oltre che con i genitori, anche con i fratelli.

I figli provocano un'evoluzione della coppia

La presenza dei figli provoca nella coppia una grossa evoluzione. Può significare una crescita comune alla ricerca di modalità sempre nuove per stare insieme, o invece una pericolosa involuzione, nel senso dell'irrigidimento del ruolo che ciascuno tende ad assumere nei confronti degli altri.

- Per esempio: padre inconsistente, madre autoritaria, figlio maggiore intelligente e avido, il minore trasandato e indifferente.
- Oppure: padre autoritario, manesco; madre debole, lacrimevole; maggiore apatico, goloso; minore vivace, ribelle; oppure…

Il gioco delle parti ha mille varianti, in un'alchimia dolorosa che svela quanto reciproco inganno o quanta illusione si celino spesso dietro le promesse e le speranze di ogni nuova coppia.

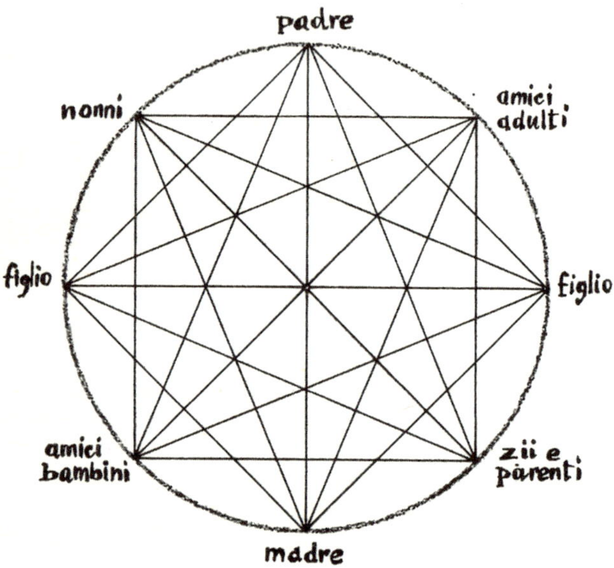

Nel cerchio delle esperienze, quando le relazioni sono orizzontali e tutte egualmente importanti, i membri della famiglia, pur avendo capacità diverse, hanno diritti uguali sul piano del rispetto e dell'ascolto reciproco. Ciascuno è innanzi tutto persona e, come tale, dà e riceve. La situazione ideale è quella in cui si hanno scambi in tutte le direzioni.

Quello che gli adulti sottovalutano è proprio il *cerchio delle esperienze*, quanto cioè si riceva dagli altri che ci sono intorno e in primo luogo dai figli. Ha ragione Françoise Dolto quando afferma che «in due sensi il bambino è il padre dell'uomo», intendendo autore di se stesso, come aveva detto in passato Maria Montessori, e trasformatore dei propri genitori.

Una possessività 'malata'

Non si tratta affatto di idealizzare l'infanzia, ma di riconoscere che i bambini hanno comunque maggiore creatività e freschezza immaginativa rispetto agli adulti. Mettono fantasia anche nei rapporti con gli altri.
Noi tendiamo a negare il peso formativo che le amicizie scelte dai nostri figli hanno su di loro: a esse apriamo la casa con diffidenza (non meravigliamoci poi se tendono a fuggirla). Sopportiamo male i loro giochi, né vediamo quale arricchimento essi siano per gli uni e per gli altri.
Ci consideriamo artefici assoluti dei nostri figli quando le cose vanno bene dal nostro punto di vista; quando invece i figli deviano dal sentiero previsto, la 'colpa' è di altri, in primo luogo le 'cattive compagnie'.

Quando faremo un falò di tutti questi luoghi comuni, frutto della nostra possessività malata? Il guaio è che, anziché preservare al massimo le loro potenzialità immaginative, ci preoccupiamo che rientrino nei ranghi del conformismo, che non scelgano cose strane, amici insoliti, un lavoro teso all'avventura e così via.
Non riuscendo a stare al loro passo godendo delle loro scoperte, ne soffochiamo il senso di stupore e di meraviglia.
Cadiamo nel *rigor mortis* della famiglia senza sorprese, con i personaggi ben definiti, dove solo i grandi decidono e insegnano, e dove i piccoli hanno come compito primario quello di adattarsi al mondo e alle idee degli adulti. E poiché la scuola non è da meno, il delitto è completo e su larga scala. Ecco che cosa dobbiamo modificare in profondità per non dover più essere complici di un simile spreco di vita.

Bibliografia

Molti hanno scritto e scrivono di educazione, dando consigli ai genitori sul loro delicato 'mestiere' (questo libro è uno fra tanti, si spera non inutile), ed è anche vero che sui rapporti all'interno della famiglia non si riflette mai a sufficienza.

Per suggerire altre letture, almeno a chi ama leggere, proponiamo, oltre ad alcuni testi 'paralleli' su temi educativi, opere che, in modo divergente, creativo, piacevole o drammatico, possano aggiungere spunti di riflessione e di consapevolezza.

Sul parto e sulla nascita

K. Gibran *Il profeta*, Guanda, Milano

J. Relier *Amarlo prima che nasca*, Le Lettere, Firenze
D. Stern et al. *Nascita di una madre*, Mondadori, Milano
P. Greco, R. Palma *Preparazione acquatica al parto*, red edizioni, Novara
J. Balaskas *Manuale del parto attivo*, red edizioni, Novara

J. Balaskas, Y. Gordon *Avremo un bambino*, red edizioni, Novara
una guida completa per la gravidanza, il parto, i primi mesi.

M. Odent *Ecologia della nascita*, red edizioni, Novara
uno degli iniziatori della 'nascita senza violenza' presenta in questo libro i suoi metodi rivoluzionari.

F. Leboyer *Il rito della nascita*, red edizioni, Novara
F. Leboyer *Nascere & Shantala*, red edizioni, Novara
si tratta di tre film (ma raccolti in due videocassette) che costituiscono la *Trilogia della nascita*; nel primo viene evocata

la spiritualità di questo evento naturale; il secondo e il terzo, presentati insieme, riflettono sulla nascita senza violenza e propongono un particolare massaggio per il neonato.

Dopo la nascita, i primi mesi

A. Montagu *Il linguaggio delle pelle*, Garzanti, Milano
M. Odent *Il bebè è un mammifero*, red edizioni, Novara
R. D'Avanzo *Manuale dell'allattamento attivo*, Il Pensiero Scientifico, Roma
W. e M. Sears *Allattamento e svezzamento*, red edizioni, Novara
P. Di Pietro *Tutto sul mio bambino, dalla nascita al primo compleanno*, red edizioni, Novara
M. Thirion *Primi momenti, grandi scoperte*, red edizioni, Novara
T. Valpiana *L'alimentazione naturale del bambino*, red edizioni, Novara
T. Valpiana, M. Parona *Le ricette per l'alimentazione naturale del bambino*, red edizioni, Novara
D. Sheinkin, M. Schachter, R. Hutton *Le intolleranze alimentari*, red edizioni, Novara

Sui bambini piccoli

R. Tagore *La luna crescente*, Sarva, Imola
forse nessun altro poeta è riuscito a dare immagini così luminose della prima infanzia.

P. Leach *I primi sei mesi insieme*, red edizioni, Novara
i processi fondamentali che portano al costituirsi del legame affettivo all'interno del nucleo famigliare.

G. Honegger Fresco (a cura di) *Abbiamo un bambino*, red edizioni, Novara
una guida pratica, realizzata con la consulenza di oltre 30 specialisti, per assecondare con attenzione, competenza e sicurezza lo sviluppo psicofisico del bambino, dalla nascita ai 3 anni.

G. Honegger Fresco *Un bambino con noi*, red edizioni, Novara
i primi anni di vita del bambino esigono dedizione, cure premurose e sapienza educativa, tutti elementi indispensabili per non disturbare la sua nascente vita psichica e affettiva.

Centro Nascita Montessori (a cura di) *I bambini, che belle persone!*, red edizioni, Novara
uno sguardo attento e rispettoso sul mondo incantato dell'infanzia: una raccolta di splendide fotografie accompagnate dalle parole di Maria Montessori.

L. Miller, D. Steiner e altri *Comprendere il vostro bambino, dalla nascita ai sei anni*, red edizioni, Novara
dall'esperienza del Centro Tavistock di Londra, il maggiore istituto che si occupa di psicologia infantile, una guida allo sviluppo psicologico del bambino ricca di suggerimenti pratici per affrontare le diverse situazioni quotidiane.

Fiabe e altri doni per i bambini

B. Bettelheim *Il mondo incantato*, Feltrinelli, Milano
la fiaba come strumento di crescita psicologica e di rafforzamento della personalità: le analisi e i suggerimenti di uno dei maggiori psicanalisti in un libro davvero illuminante.

P. Santagostino *Come raccontare una fiaba*, red edizioni, Novara
scegliere, leggere, inventare fiabe per nutrire l'intelligenza emotiva del bambino.

I. Calvino *Fiabe italiane*, Einaudi, Torino
la più bella raccolta di fiabe popolari di casa nostra, tradotte dai dialetti da un grande scrittore, da leggere ai bambini per divertirsi, sognare, stare insieme.

G. Rodari *Grammatica della fantasia*, Einaudi, Torino
raccontare, inventare con i bambini: il grande gioco del dialogo e del divertimento creativo.

G. Honegger Fresco *Facciamoci un dono*, La Meridiana, Molfetta
tante piccole proposte per stare insieme, adulti e bambini.

I bambini e i loro segreti pensieri, le loro fantasie

I. McEwan *L'inventore di sogni*, Einaudi, Torino
i sogni a occhi aperti di un bambino, i suoi desideri silenziosi. Ah, esistesse davvero la Pomata Svanilina! Qualche volta sarebbe utile.

I. McEwan *Bambini nel tempo*, Einaudi, Torino
un padre perde la sua bambina e la sua vita deve ricominciare daccapo, malgrado il senso di vuoto e di incertezza che, come tutti noi, egli vive.
Di questo grande scrittore *si veda anche* il tragico *Giardino di cemento*, Einaudi, Torino.

B. Rice *Pobby e Dingan*, Rizzoli, Milano
racconto sulle cose che non si vedono, ma che esistono agli occhi del desiderio e del pensiero magico. Bellissimo, e come visto dai bambini.

La famiglia aiuta nella crescita, la famiglia distrugge

H. Böll *Opinioni di un clown*, Mondadori, Milano
un figlio si oppone al perbenismo distruttivo dei suoi genitori per diventare autonomo.

E. Carrère *La settimana bianca*, Einaudi, Torino
un tragico racconto, tra detto e non detto, sulla sofferenza di un bambino.

D. Starnone *Via Gemito*, Feltrinelli, Milano
la razza del padre-padrone è dura a morire e anche quella del maschio prepotente…

A. Gombia *Bambini da salvare*, red edizioni, Novara
la maggior parte degli abusi sessuali sui minori si compie all'interno della famiglia. Come spiegarlo? Questo libro aiuta a fare chiarezza in uno degli ambiti più oscuri della nostra società.

E. Gianini Belotti *Dalla parte delle bambine*, Feltrinelli, Milano

Con un bambino in difficoltà

G. Pontiggia *Nati due volte*, Mondadori, Milano

un romanzo che è al tempo stesso testimonianza sull'handicap di un figlio: tenerezza e disperazione; denuncia spietata della scuola ma anche incontro con persone generose che permettono, insieme con i genitori, la seconda nascita di un bambino chiuso nella sua prigione.

M. Segal *Mio figlio cresce, con pazienza e con amore*, red edizioni, Novara
la vita quotidiana con un bambino disabile: la cura, l'assistenza, il gioco, l'educazione, la disciplina. Un manuale di suggerimenti pratici.

Libri-denuncia

A. Miller *La persecuzione del bambino*, Bollati Boringhieri, Torino
A. Miller *La fiducia tradita*, Garzanti, Milano
ci sono una pedagogia nera e una bianca, entrambe pericolose. Con riflessioni illuminanti sull'infanzia di Hitler e di altri.

M. Rossi-Doria *Di mestiere faccio il maestro*, L'ancora del Mediterraneo, Napoli
le non-risposte della scuola che si fonda, priva com'è di un vero progetto, sulla buona volontà di singoli docenti in una delle nostre città più vive e insieme più degradate: Napoli. Bello come un romanzo.

M. Winn *Bambini senza infanzia*, Armando editore, Roma
scritto circa 20 anni fa, questo testo testimonia la situazione (tragica) dei bambini e degli adolescenti di allora negli Stati Uniti e che oggi è ormai anche la nostra.

Per riflettere

M. Montessori *Il bambino in famiglia*; *Il segreto dell'infanzia*; *Dall'infanzia all'adolescenza*, Garzanti, Milano
tre opere della grande studiosa dello sviluppo infantile che ha introdotto l'osservazione come base nel lavoro educativo.

A.S. Neill *I ragazzi felici di Summerhill*, red edizioni, Novara l'esperienza della scuola 'non repressiva' di Summerhill: un esempio educativo che, se seguito, potrebbe rinnovare radicalmente i rapporti famigliari e sociali.

D. Novara *L'ascolto si impara*, Gruppo Abele, Torino
sulle molte strade che possono avvicinarci a un bambino.

E. Becchi, D. Julia (a cura di) *Storia dell'infanzia*, Laterza, Roma-Bari
E. Becchi *I bambini nella storia*, Laterza, Roma-Bari

Sull'essere padri

J. Selby *Papà si diventa*, red edizioni, Novara
un percorso guidato alla riscoperta dei sentimenti che ci hanno legato a nostro padre, per stabilire un sano e positivo rapporto con nostro figlio.

M. Greenberg *Il mestiere di papà*, red edizioni, Novara
consigli pratici e ricchi di esperienza, che aiutano il nuovo genitore a vivere pienamente e con gioia la sua straordinaria avventura.

Sulla scuola, con speranza

R. Wild *Educare ad essere*, Armando editore, Roma
l'appassionante racconto di un'esperienza educativa in Ecuador e le indicazioni su come potrebbe essere una scuola realmente dalla parte dei bambini.

B. Harvaux, M.A. Niox-Château *L'educazione nuova a scuola*, La Nuova Italia, Firenze
il racconto di un'esperienza esemplare, l'École Nouvelle di Boulogne (Parigi), realizzata da persone che a una formazione montessoriana di base univano la liberante esperienza del CEMEA francese (Centri di Esercitazione ai Metodi dell'Educazione Attiva).

M. Lodi *C'è speranza se questo accade al Vho*, Einaudi, Torino
l'esperienza quotidiana di un maestro dalle idee chiare.

S. Loos *Novantanove giochi cooperativi*, Gruppo Abele, Torino
giochi creativi e non competitivi per la famiglia e per la scuola.

Un accenno agli adolescenti

C. Susani *La terra dei dinosauri*, Feltrinelli, Milano
un'adolescente e il percorso di scelte autonome: la difficile conquista.

S. Veronesi *Venite, venite B-52*, Feltrinelli, Milano
in un'Italia tra ideali sbiaditi e sogni impossibili, meschinella e cialtrona (quella che ci siamo appena lasciati alle spalle) si innesta la storia di Viola, adolescente non propriamente felice, in un intreccio scoppiettante ma non superficiale.

R. Bly *La società degli eterni adolescenti*, red edizioni, Novara
quando gli adulti si ostinano a rimanere bambini e i bambini si rifiutano di diventare adulti: tutti obbligatoriamente giovani, tutti incapaci di crescere. Che fare?

Altre opere di Grazia Honegger Fresco

Essere nonni, red edizioni, Novara
(con Sara Chiari) *Una casa a misura di bambino*, red edizioni, Novara
Montessori: perché no?, Una pedagogia per la crescita, Franco Angeli, Milano
Un Nido per amico, La Meridiana, Molfetta

Indice

7 **I vostri figli non vi appartengono**
8 Uno stupendo tranello
10 Desiderare un figlio
12 Quale amore?
13 La famiglia allargata

16 **Avere un bambino**
17 Genitori, una scelta
19 Attacchi alla maternità
21 Una rivoluzione da fare
23 Parto e nascita
25 Dopo la nascita
26 Il diritto al seno materno
29 L'importanza emotiva dei primi giorni
30 Qualche suggerimento
31 La stabilità dei legami

34 **Ci piace nostro figlio?**
35 La stima di sé
37 Proteggere la sensibilità
39 Il bisogno di continuità e di calma
40 Guidare senza dirigere
43 L'errore come strumento personale di crescita

47 **Verso l'autonomia**
48 Dipendenza e indipendenza
53 I danni dell'aiuto inutile
54 La lotta tra adulto e bambino
56 Imparare dagli animali?

57 Il legame corporeo con il figlio
59 Il linguaggio dei bisogni
61 Solo se faccio capisco
62 Il conforto dei limiti

65 **Imparare dalle emozioni**
65 La diversità di ciascuno
68 Il desiderio dell'altro
70 La relazione a due
72 Siamo poi tanto diversi da loro?
74 Non trascuriamo i particolari
76 Stabilità affettiva attorno ai figli
80 Ogni giorno, un momento magico!

82 **Il dialogo**
82 Il falso dialogo
85 L'attenzione all'altro
89 La storia di ciascuno
91 È più che imitazione
92 Giochiamo a parlare

95 **All'asilo-nido**
96 Portare il bambino all'asilo-nido o tenerlo in casa?
99 Quale asilo-nido?
104 La realtà, oggi

107 **La scuola**
108 Uomini nella scuola infantile
110 Chi è preparato a 'educare'?
111 I mali annosi della scuola oltre i 6 anni
116 C'è qualcosa da salvare?

119 **La costellazione famigliare**
119 Il ruolo degli anziani
121 Incontri e scontri
122 Diventare nonni
126 Fare insieme
127 I vecchi sono brutti?

128 Mio figlio è un 'diverso'
131 La famiglia: limite o apertura?
132 Un figlio, due figli…
133 Lotte tra fratelli
139 Il cerchio delle esperienze

142 **Bibliografia**